社会契约论

[法] 让-雅克·卢梭 / 著
张灿金 曹顺发 / 译

中国法制出版社
CHINA LEGAL PUBLISHING HOUSE

图书在版编目（CIP）数据

社会契约论/（法）卢梭著；张灿金，曹顺发译.
—北京：中国法制出版社，2016.3
ISBN 978-7-5093-7319-4

Ⅰ.①社… Ⅱ.①卢… ②张… ③曹… Ⅲ.①政治哲学-法国-近代 Ⅳ.①D095.654.1②B565.26

中国版本图书馆 CIP 数据核字（2016）第 048438 号

策划编辑：杨 智（yangzhibnulaw@126.com）
责任编辑：韩璐玮（hanluwei666@163.com） 封面设计：蒋 怡

社会契约论

SHEHUI QIYUE LUN

著者/［法］卢梭
译者/张灿金 曹顺发
经销/新华书店
印刷/三河市紫恒印装有限公司
开本/880 毫米×1230 毫米 32 印张/5.5 字数/143 千
版次/2016 年 5 月第 1 版 2016 年 5 月第 1 次印刷

中国法制出版社出版
书号 ISBN 978-7-5093-7319-4 定价：23.80 元

北京西单横二条 2 号 值班电话：010-66026508
邮政编码 100031 传真：010-66031119
网址：http：//www.zgfzs.com **编辑部电话：010-66053217**
市场营销部电话：010-66033393 **邮购部电话：010-66033288**

（如有印装质量问题，请与本社编务印务管理部联系调换。电话：010-66032926）

卢梭及《社会契约论》

让－雅克·卢梭（1712 年 –1778 年），法国著名的思想家、哲学家、教育家、文学家，法国大革命的思想先驱，杰出的民主政论家和浪漫主义文学流派的开创者，启蒙运动最卓越的代表人物之一。主要著作有《论人类不平等的起源和基础》《社会契约论》《爱弥儿》《忏悔录》《新爱洛伊丝》等。

《社会契约论》，又译《民约论》，是卢梭于 1762 年写成的一本书。卢梭在书中为我们描摹出了理想之国的样子，他认为人生来就是自由平等的，一个理想的社会应建立在人与人之间的契约关系之上，国家则是自由协议的产物，政府的权力来自被统治者的认可。《社会契约论》一问世，便在欧洲引起了巨大的震动。书中第一次提出了“天赋人权”和“主权在民”的思想，是现代民主制度的基石，深刻地影响了逐步废除欧洲君主绝对权力的运动以及 18 世纪末北美殖民地摆脱英帝国统治、建立民主制度的斗争。法兰西共和国的国家格言“自由、平等、博爱”也来自《社会契约论》，此外，法国的《人权宣言》、美国的《独立宣言》以及法国宪法、美国 1787 年宪法在很大程度上都可以说是卢梭思想的产物。对于所有人来说，这都是一部不可不读的经典名著。

前　言

数年前我曾试着撰写一部论著，不自量力的我终究还是放弃了。在已写就的内容中，有些部分或许多少还有些许价值，可以献予世人，于是我将其结成这本集子，其余部分均已散失。

目 录

格劳秀斯说，人民可以把自己奉送给一位君主。按他的说法，在奉送之前，人民就已经是人民了。这一行为本身就是公民行为，暗含了公众的考量。因此，在分析人民寻找君主的行为之前，还要先分析一下这个人是通过什么行为而成为人民的。后一行为必然先于前一行为，它是社会的真正基础。

正如建筑师在修建一座大厦前，需要勘测地基以决定它能否承受大厦的重量。同样的，聪明的立法者并不能一开始就成就一部好的法律，他要首先研究作为立法对象的人民是否接受。这就是柏拉图为何拒绝为阿加迪亚人和昔兰尼人制定法律的原因……

从严格的意义上讲，真正的民主制从未存在过，也永远不会存在。大多数人统治少数人是违反自然秩序的。我们难以想象人民要不断开大会来处理公共事务，并且我们也很容易看出，人民若是因此而建立起各种机构，就不会不引起行政形式的改变。

当社会纽带在所有人的心里都不复存在，最卑鄙的个人利益竟厚颜无耻地伪装成公共幸福时，普遍意志就沉默了，人人都受着自私动机的驱使，再也没有身为公民的意见，就像国家从未存在过一样，人们还冒法律之名通过种种不公正的法令，其目的仅仅是为了个人利益。

第一卷

格劳秀斯说，人民可以把自己奉送给一位君主。按他的说法，在奉送之前，人民就已经是人民了。这一行为本身就是公民行为，暗含了公众的考量。因此，在分析人民寻找君主的行为之前，还要先分析一下这个人是通过什么行为而成为人民的。后一行为必然先于前一行为，它是社会的真正基础。

我想对社会秩序中的管理原则进行一些探究，看看究竟存不存在任何确定且合法的管理原则，能够体现出真正的人权与法度。在此探究中，我努力将权利许可与利益期望结合起来，目的是让正义和功利能够得到很好的统一。

先不谈这一主题的重要性。我料想会有人问，我到底是站在统治者的立场还是以立法者的姿态来谈论政治呢？两者都不是。正因如此，我才要谈政治。不然，我就不会浪费时间在此奢谈，不付诸实践的话，我就保持沉默。

我是一名自由国家的公民，也是主权者中的一员。虽然我个人的声音对公众事务的影响极其微弱，但投票权赋予我一种责任，即自觉地对之进行探究。每次进行政府方面的思考之后，我都格外高兴，因为每次都能找出新的理由，让我更热爱自己国家的政府。

第一章　第一卷的主题

人生而自由，却无往不在枷锁之中。任何人都可以认为他是其他一切的主人，但实际上，他比其他一切更是奴隶。为什么会出现这样的情况呢？我不知道答案。是什么使之合理化的呢？这点我倒是可以回答。

如果只考虑强制力及其产生的效果，我会说："在强制力的作用下，只要人民服从了，效果就算达到了。一旦人民摆脱这种枷锁，强制力的效果就更妙了。因为人民凭着强制力夺回了他们因被强制而失去的自由。夺回自由是合理的，或者说失去自由是不合理的。"但社会秩序是一种神圣的权利，它是其他一切权利的基础。然而，这种权利却不会自然存在，必须以契约为基础。在谈这一点之前，我得进一步阐明我所说的。

第二章　原始社会

家庭是所有人类社会中最古老的也是唯一的自然社会形态。即便如此，子女对父亲的依赖业也只是为了生存。一旦这一需求消失，这种自然关系就将解除。子女不再服从父亲，父亲不再照顾子女，他们从此回归独立。如果他们继续生活在一起，就不是出于自然因素，而是出于自愿，此时的家庭就是靠契约维系着。

这种共有的自由来自人的本性。他的第一法则是自己的生存，他的第一关切是自己的利益。人一旦到了明事理的年纪，就是自主的，对自身的生存可以做出唯一的决断，也因此成为自己的主人。

因此，家庭可以说是政治社会的第一模式：统治者即为父亲，子民即为子女。他们都生而自由平等，但他们为了自己的利益而放弃了自由。唯一的差别是：在家庭中，父亲对子女的关照体现出父亲对子女的爱；而在国家中，统治者只有发号施令的痛快，没有对子民的热爱。

格劳秀斯[①]否认人类权利的建立是为了被统治的阶层，他从奴隶制中找到佐证。他的推理常常是把权利架构在既有的事实上[②]。就算有人用更具逻辑的推理方法，其结论都不会对暴君有利。

依照格劳秀斯的逻辑，有个问题值得探讨：人类是从属于百十来人的群体呢，还是这个群体从属于人类？纵观其书，他好像是倾向于前一点，也就是霍布斯[③]的观点。于是，人类就像牛一样被分成了若干群，每群都有一个放牧人，并最终被放牧人宰割

---

① 格劳秀斯（Hugo Grotius，1583年～1645年），荷兰法学家，世界近代国际法学的奠基人。

② “对公法的学术研究常常仅是过去滥用权力的历史，过分深究是一种没有益处的迷恋。”[《论法国与其邻国关系的利益》，德·阿冉松侯爵（Maquis d'Argenson）著]。格劳秀斯的做法就是如此。

③ 霍布斯（Thomas Hobbes，1588年～1679年），英国政治家、哲学家，社会契约论的早期代表人物之一。

吃肉。

既然放牧人天生就优越于牛群，人的放牧人，即统治者，也就天生地优于他的子民。如费龙[1]所言，这就是卡里古拉大帝[2]的逻辑。如此类推的结论就是：要么王者是神明，要么百姓是畜兽。

卡里古拉大帝的逻辑和格劳秀斯以及霍布斯的如出一辙。在他们之前的亚里士多德[3]曾说人天生就不平等，有人生而为奴，有人生而为主。

亚里士多德当然是对的，只是他颠倒了因果。奴隶制中的人理所当然的生而为奴。枷锁中的奴隶失去了一切，包括摆脱枷锁的愿望。他们热爱被奴役，就像尤里西斯[4]的伙伴热爱自己的艰苦条件一样[5]。如果非得说有自然奴隶的话，那是因为先有了违反自然的奴隶。强制力制造了第一批奴隶，而他们的怯懦成全了奴隶制。

我还没有说亚当王[6]或者诺亚皇[7]，诺亚皇的三个孩子建立王国

---

① 费龙（Philon），埃及哲学家，公元 39 年～40 年曾出使罗马，见过卡里古拉大帝。

② 卡里古拉大帝（Caligula），罗马帝国朱利亚·克劳狄王朝第三位皇帝盖约·恺撒的别名，公元 37 年～41 年在位。

③ 亚里士多德（Aristotle，前 384 年～前 322 年），古希腊哲学家，希腊哲学的集大成者。

④ 尤里西斯（Ulysses），希腊史诗《奥德赛》（Odysseus）中的英雄，他的同伴们在途中被女巫喀尔刻用巫术变成了猪。

⑤ 参见普鲁塔克（Plutarch）的短论《动物的理性》（That Animals Reason）

⑥ 亚当王（Adam），即亚当，《圣经·创世纪》中的人类始祖。

⑦ 诺亚皇（Noah），即诺亚，据《圣经·创世纪》记载，在一场几乎灭绝人类的洪灾中，诺亚一家因登上方舟而成为仅有的幸存者。洪灾过后，他的三个儿子闪、含以及雅弗开始繁衍后代，并各自立国。

分占天下，像萨图恩[①]的子嗣一样瓜分了世界。有些学者甚至还能认出自己和他们的渊源。对此我得低调一些，因为我也是这三大王国的某一个的直系后裔，好像还是较长的那一支的，可又有谁会因为这个而立我为人类的合法国王呢？不管怎样说，没人怀疑亚当曾是世界的主权者，正如鲁宾逊[②]的情形一样，只要他是小岛的唯一居民，他便是小岛的主权者。这种王国的好处有：国王可以安坐王位，无须担心叛乱、战争或谋逆。

第三章　至强者的权利

至强者总有一天会衰微，除非他们将自己的力量转化为权利，将他人的服从转变为责任。因此，至强者的权利，虽然听来颇为讽刺，却成为现实中的一个基本准则。这个说法的真正含义是什么呢？强制力是一种拳脚权力，我还未能看出它的道德影响如何。屈服于强制力只不过是无奈之举，至多是一次审慎行为，绝非出自意愿，怎么能成为责任呢？

假设这种所谓“权利”是存在的。我认为唯一的结果就是产生一堆没有意义的东西。如果强制力产生权利，结果就要随着原

① 萨图恩（Saturn），罗马神话中的农神，罗马神话中的主神朱庇特是他的儿子。

② 鲁宾逊（Robinson），英国作家丹尼尔·笛福（Defoe）创作的小说《鲁宾逊漂流记》的主人公。鲁宾逊出海遇难，漂流到无人小岛，并在岛上坚持生活，最后回到原来所生活的社会。

因而改变：任何一个更强大的强制力就可夺过这种权利。一旦反叛不会受罚，反叛就合法了，既然真理掌握在至强者一方，那么唯一紧要的事就是必须尽力让自己强大起来。什么样的权利会随着强制力的消失而消失呢？如果人是被迫服从的，他没有任何义务这样做。很显然，“权利”一词不会为强制力带来任何东西。这样看来，它毫无意义。

服从于既定权力，这意味着屈服于强制力。这个说法虽然有些肤浅，但还是成立的。我承认一切力量来自于上帝，但一切病痛也是源自上帝，难道我们就因此不能看医生了吗？如果我在森林边为匪徒所劫，被迫交出金钱，要是我还能保住这些钱，我是否还有义务把钱送给他们呢？毕竟，他手中的枪也是一种权力。

因此，我们应该看到一点：强制力并不产生权利，我们只有义务服从于合法的权力。这样一来，又回到了我的原始问题。

第四章　奴隶制度

既然任何人对他人都没有天然的权威，任何强制力都不能产生权利，那么人类社会任何合法的权威都应建在人与人之间的契约基础上。

格劳秀斯说，如果个人可以转让自由而成为别人的奴隶，那么为什么全体人民就不能转让自由而成为某位君主的臣民呢？这里有不少含混不清的词语需要说明。我们就来分析一下“转让”的含义，它意味着“奉送”或“出卖”，但一个成为别人奴隶的人并不能把自己奉送别人，他是在出卖自己，起码是为了生存。但是人民为什么要出卖自己呢？君主并不能给臣民以生存保证，反而是从臣民那里获得自身的生存所需。如拉伯雷[①]所言，君主没有依赖也是活不下去的。难道臣民们是为了让君主能把他们的财产拿走才把自己奉送君主吗？我可看不出他们还剩下什么可保存的了。

有人说专制的君主可保天下太平，就算是这样，如果由专制君主的野心引发的战争，他的无厌贪欲，以及他的官吏的骚扰，给人民带来的压迫远胜于人民之间的纠纷的话，人民到底能得到什么呢？如果这样的太平是一种灾难，人民到底能得到什么呢？牢狱中的生活也是太平的，难道就可以说牢狱的生活就是梦寐以求的吗？被囚禁在西克洛浦[②]洞穴中的希腊人活得可是安乐，但等待他们的是任人宰割的命运。

说一个人可以奉送自己而无所图，这是荒谬的，不可想象的。这是一种不合法理的无效行为，只有疯子才做得出来。说全体人民也都这样做，那无异于说举国都疯了，而疯狂却产生不了权利。

就算个人可以转让他自己的自由，他也不能转让他子女的自由。他们生而为人，是自由的，他们的自由只属于他们自己，任

---

① 拉伯雷（François Rabelais，约 1493 年～ 1553 年），法国文艺复兴时代的伟大作家，人文主义的代表。

② 西克洛浦（Cyclops），希腊神话中的巨人族。“希腊人”指的是尤里西斯的同伴们，他们在途中被西克洛浦囚禁。

何人都无权处置。在他们未成年前，为了他们的生存，父亲可以以他们的名义处置一些事情，但他不能无条件且不可改变的把子女奉送他人。此等行为违背了自然，也超出父亲的权力。因此，要使一个专制政府合法地存在，就必须让每一代人都能够自由地选择承认它还是否认它。可这样一来，这个政府也就不再是专制的了。

放弃自由，就等于放弃了做人的资格，放弃了做人的权利和义务。放弃一切的人是得不到任何补偿的。这样的放弃违背了人性，当人的意志不再自由时，他的行为也就失去了一切道德性。最后，契约的一方是绝对权威，而另一方需绝对服从，这样的契约本身就是空洞矛盾的。对于一个我们有权向他索取一切的人，我们并不承担任何义务，难道这不是很清楚的事情吗？难道这种既不等价又无交换的唯一条件，其本身不就包含着这种行为的无效性吗？既然我的奴隶的一切都属于我，他还有什么权利来反抗我？他的权利都是我的，自己反抗自己的权利岂不是一句空话？

格劳秀斯以及其他一些人，把战争看成是所谓的奴役权的另一个根源。他们认为，胜利者有权屠杀被征服者，但后者可以用自由来换取自己的生命，这是对双方都有利的更合理的契约。

很明显，无论怎样，这种屠杀失败者的权利都不会是战争状态的结果。人类处于原始独立状态的时候，相互之间的关系还没有稳定到出现和平状态或者战争状态，他们就天然地不会成为彼此的死敌。构成战争的是物质之间的关系，而不是人与人之间的关系。既然如此，那么私人战争，或说人和人之间的战争是不存在的，无论是在还没有固定财产的自然状态中，还是一切都处于法律权威之下的社会状态中。

个人之间的争斗、决斗、冲突等，这些行为不能构成一种状态。至于被法王路易九世敕令所认可的，却被“上帝的和平”所禁止的，所谓的私人战争，那是封建政府的滥权，虽曾一度存在，也是极为荒谬的，它违背了自然权利原则和好政体的准则。

战争是国与家之间的关系，而非人与人之间的关系。战争中，个人的参与绝不是以人的资格，也不是以公民的资格[①]，而是以兵士的身份，只有作为国家的保卫者，他们之间才偶然成为仇敌。最后，由于在不同性质的事物间不存在任何真正的关系，所以一个国家只能以另一个国家为敌，而不是个人。

而且，这项原则符合历史上的原则，也是符合所有文明国家的实践的。宣战与其说是向某一国家下通告，不如说是向它的人民下通告。任何外国人，不论是君主、个人还是人民，如果对统治者不宣战就掠夺、屠杀、羁押其子民，那么他就不是敌人，而

---

① 罗马人比世界上其他任何民族都更懂得、更尊重战争的权利。他们对战争的权利的运用非常慎重，任何公民在未明确表示反抗敌人前，以及在未指名道姓地要反抗某个敌人前，都不许志愿参战。小加图（the younger Cato）在波比里乌斯（Popilius）的军团服役，后来该军团要进行改编。这时候，老加图（the elder Cato）就写信给波比里乌斯称，如果波比里乌斯希望小卡图继续在他的部队里服役，就必须让小卡图重新进行战争宣誓。因为旧誓已经失效，他不应该再拿武器作战。老卡图又写信给小卡图，告诫他在未宣新誓前千万不要参加战斗。我知道有人会以“克鲁修姆（Clusium）之围”或其它一些孤立事件来驳斥我，但我是在引用法律和惯例。罗马人最不违反自己的法律，别的民族都没有这么好的法律。

是强盗。就是在真正的战争中，公正的统治者也只是把敌国的公共财产收归已有，而对个人的生命、财产都加以尊重。只有对其尊重，他自己才能得到这种权利。战争的目的是摧毁敌国，人们有权杀死对方的还没放下武器的保卫者。一旦他们放下了武器，他们也就不是敌人或敌人的工具，而是成为了普通的人，而杀人的权利也就不复存在了。有时候，不伤一人的情况下也可以摧毁敌国，战争并不能产生超出其目标的任何不必要的权利。这些原则并不是格劳秀斯的原则，它们不是基于诗人的权威，而是来自自然，基于理性。

至于征服权，除了至强者的权利外，它没有任何别的基础。如果战争没有赋予征服者去屠杀被征服民众的权利，那么这种他所不具备的权利，就不能产生其奴役被征服民众的权利。只有在无法把敌人变成奴隶的时候才有杀掉敌人的权利。因此，奴役权绝不出自于杀人权。征服者既无此特权，那么以自己的自由为代价拿去与征服者对之并无权利的生命做交换，也就变成了一场不公平的交易。生死权要以奴役权为基础，而奴役权也要以生死权为基础，难道这不是一种恶性循环吗？

就算大家都认同这种杀死一切人的可怕特权，我还是要说，战争所造成的奴隶或被征服的人民，除了强制被迫以外，对其主人没有任何义务。征服者并没有饶恕他们的性命，奴役也是杀人，与其毫无益处地杀死他们，不如有利可图地杀。除了强制力，征服者没有其他任何权威，战争状态也就依然存在。他们之间的关系就是这种战争状态的结果，而战争权的行使可不意味着任何和平条约。当然，征服者和被征服者之间还是有条约的，只不过约定的不是战争状态的结束，而是战争状态的继续。

由此可见，无论我们从哪个角度看，奴役权都是无效的、非法的、荒谬的。“奴隶制”和“权利”两个词互相矛盾，相互排斥。如果某人对其他人或全体人说：“我要和你们订立一个契约，负担归你，好处归我。我守不守约，全凭我高兴，你能不能终止，也得看我心情。”这样的话语显然也是愚蠢的。

第五章　最初的约定

就算是我接受了以上被我自己驳斥的观点，专制主义的拥护者还是好不到哪儿去。镇压一群人与治理一个社会，这两者之间存在着巨大的差别。如果四散各地的人相继被某个人奴役，就算被奴役的人再多，我看到的也就是奴隶和主人的关系，而不是人民和统治者的关系。这群人应该被冠之为“聚集”，而不是结合体，既没有公共利益，也没有政治体。即便这个人奴役了半个世界，他也只是一个个体，他的利益也只是私利，即脱离了别人的利益。他的帝国也必将伴着他自己肉体的消亡而分崩离析，就像过火后的橡树一样会化为一堆灰烬。

格劳秀斯说，人民可以把自己奉送给一位君主。按他的说法，在奉送之前，人民就已经是人民了。这一行为本身就是公民行为，暗含了公众的考量。因此，在分析人民寻找君主的行为之前，还要先分析一下这个人是通过什么行为而成为人民的。后一行为必然先于前一行为，它是社会的真正基础。

实际上，如果事先不进行约定的话，若非选举的结果是全体一致，那么少数人为什么要服从多数人的选择呢？为什么需要主子的一百人有权代表不需要主子的十人进行表决呢？这种多数人表决的规则本身就是一种约定的确立，至少应该曾经有一次得到全体的一致通过。

第六章　社会公约

我设想人类曾有这样的一个时期，自然状态中的人类的生存再也不能由单一个体的渺小力量来维持，原来的自然状态也就不能存在下去了。那种状态如不改变，人类就要消亡。

然而，人类不能产生新的力量。只有他们团结起来，才是保全自己的唯一方式，结成一体，用共同力量来攻坚克难，共同协作。

这种力量之和只能由一群人的合作来实现。但是，既然每个人的力量和自由是其生存的主要手段，个人如何能够善用这种力量之和，而不妨害自己的利益呢？这一困难，就我的主题而言，可以表达为："要寻找一种结合的方式，用这种共同力量来保护集体内的每一个体和他的财产。在这一集体中，个体虽然和整体联系在一起，但依然像以往一样自由，服从于自己的意志。”这就是社会契约要解决的根本问题。

契约的性质决定了如果上述的条款出现细微的变更，社会契约就会变得空洞无效。即便这些条款不曾被正式宣布过，它也必须是普天之下都能接受的。否则，每个人都会失去或放弃他的约定的自由，而重新得到他原有的天然权利和自由。

这些条件可以全部归结为一句话，那就是每个结合者都把自己的权利转让给集体。

首先，个人把自己的全部奉献出来，这样，对每个人的条件都是平等的，没有人想要使它成为别人的负担。

其次，转让既然是毫无保留的，那么这样的集体必然会变得尽可能的完美，每个成员都不会再有什么要求了。假如有人还保留着他的某些权利，而在个人和社会之间又没有共同的权威出来做裁断，有些事情都需要个人做出判断决定，那么很快他便会事事如此。这样，自然状态就会继续下去，集体就会落空，或者变成暴政。

最后，每个人既然是把自己奉献给全体，那么他就没有把自己奉献给任何一个人，每个人对其他人的权利是一致的。因此，他所付出的将会得到等同的弥补，还有更大的力量来维护自己的财产。

如果撇开社会公约中一切不重要的东西，我们可以将公约进行如下简化：“每个人都将自身以及全部力量共同置于普遍意志的最高指导下，而且在集体中每一个成员都是集体的不可分割的一部分。”

很快，这种结合就产生了一个道德与集体的共同体，代替了每个订约个体，共同体的成员数目就是大会的总票数。共同体获得了统一性，拥有集体的大我、生命与意志。这种由所有个体结合构成的公共人格，我们称之为“城邦”①，现在我们称之为“共和国”或者“政治体”；在主动状态下，我们称之为“主权者”；在和其他同类组织比较时，我们又称之为“政权”；集体中的结合者就是“人民”；从主权权威上看，他们就是“公民”；从服从国家法律的角度看，他们就是“臣民”。这些词往往相互混淆，互换使用，在我们需要精确使用时，知道加以区别就可以了。

第七章　主权者

从上一章对公约的简化描述可以看出，集体的约定包含了公

---

① 这个词的真正含义在现代已完全失去了。大多数人认为一座城就是一个城邦（city），市民就是公民。他们却不知道构成城市的是房子，而构成城邦的才是公民。很早以前，这种错误让迦太基人损失惨重。我还不曾读到过哪个王国的臣民享有公民头衔，就是古代的马其顿人和今天的英国人都不例外，虽然他们比其他人都更接近自由。法国人处处都使用公民的称谓，其实他们不懂这个词的真正含义，这从他们的字典里就可以看出来，若不然的话，他们就犯了欺君罪。在他们中间，这个名词表示一种德行，而不是一种权利。当鲍丹（Bodin）在探讨公民与市民时，他因混淆了这两者而犯了大错。达朗贝先生（M. d’Alembert）避开了这些错误，并且在他有关日内瓦的文章里，很好地区分了我们城市中所有的四个等级（或者五个等级，如果算上纯粹的异邦人的话），而其中组成共和国的则只有两个等级。就我所知，其他的法国作家都不了解公民这个词的真正意义。

众与个人之间的相互责任。每个人都是与他自己缔约，有着双重关系：相对于个人，他是主权者的一员；相对于主权者，他就是国家的一员。在此，民法的那条原则不适用，即任何人都无需遵守本人对自己所定的契约，因为自己对自己订约，和自己对自己只构成其中一部分的公众订约，还有很大的差别。

需要指出的是，虽然考虑到每个人的双重关系，公众决定可以要求每个臣民服从主权者，但是他们不能责成主权者约束其自身。主权者如果以一种为他自己所不能违背的法律约束自己，那便是违反了政治共同体的本性。既然它只能就单一的同一种关系考虑，那么每个个体也就是在与自己订约。由此可见，没有任何一种根本法律，也不可能有哪种根本法律，可以约束人民共同体。这并不是说这一共同体在不损害这一契约的条件下也不能与外人订约。对外而言，它仍是一个单一体，一个个体。

既然政治共同体或主权者的存在是基于契约的神圣性，那么它永远不可能约束自己，就算对外人来说也不能，比如说，转让自己的某一部分，或把自己置于另一个主权者之下。破坏了他自己赖以存在的行为，也就消灭了主权者自己，而并不存在的东西当然不能产生出任何东西。

一旦人们结成了一个共同体，对其中任何一个成员的任何侵犯也就是对整体的侵犯。当然，对整体的侵犯就更是对成员的侵犯了。这样，责任和利益同等地使得协约的双方彼此互助，而同样是这些人，在这种双重关系下也应该尽力把一切有关的利益都结合起来。

主权者既然由组成主权者的成员构成，那么主权者不可能违背它成员的任何利益。因此，主权权力不必对它的臣民提供任何保证，因为共同体不可能去损害它的所有成员，我们以后还可以看到，共同体不可能损害其内部的个别的人。正因为他是主权者，主权者就永远都是它应有的样子。

但是，社会契约中的臣民对主权者的关系就不同了。此间共同的利益，不足以让他们自发地履行义务，除非主权者制定一些保障其臣民忠诚的方案。

臣民与主权者的关系却不是这样的。虽然他们有着共同的利益，但如果主权者没有办法保证臣民的忠诚，那么就没有任何东西可以保证臣民履约了。

实际上，作为人来讲，每个人都有自己的意志，这种意志与公民的普遍意志不同，甚至相反。他的个人利益可以完全违背公共利益，他那绝对天然的独立性可能使他认为自己对公共事业的义务是一种奉献。没有它，别人并不受什么损害，而有它，不过是自己的负担。而且它对于构成国家的那种道德人格，也因为它不是一个个人，就认为它只不过是一个理性的存在。于是它就只享受公民的权利，而不履行臣民的义务。这种不公发展下去的话，只会毁灭整个政治共同体。

为了使社会公约不至于变成一纸空文，它总是默契地带着一些规定来保障它的有效性：不遵从普遍意志的个体，全体将会强制他服从。也就是说，迫使他自由，这正是每个公民为国家奉献的条件，从而使他脱离个人的依赖。这是政治机器得以运行的重要条件，使得公民义务合法化。否则，社会规约必然是荒唐的、残暴的，滥用将会极为严重。

第八章 社会状态

从自然状态过渡到社会状态，人类本身也进行了一场瞩目的变化。在行为中正义代替了本能，道德由此产生。只有当责任的呼声代替了行为的冲动，权利代替了贪欲，此前仅仅考虑个人私利的人类就不得不开始按照另外的原则行事。在这种状态下，虽然他失去了自然赋予的诸多便利，但他也从这里重新得到了巨大的收获：他的能力得到了开发与锻炼，思想得到了拓展，他的感情变得更高尚，他的灵魂也得到了升华——只要不是滥用这种新处境致使他堕落得比原来的出发点更糟糕——人必然会进入一种社会状态而永远脱离他的自然状态，从此他成为智慧的生物，而不再是愚昧、局限的动物。

现在让我们把整个过程说得更加简明一些：社会契约使人失去的是天然的自由，以及他所企图的和所能得到的一切的没有节制的权利，而他所获得的是社会的自由和对个人财产的所有权。为了权衡得失时不至于发生错误，我们必须清楚地区分自然人的自由和社会人的自由，前者仅仅受限于个人的体力，后者受限于普遍意志。我们还要区分两种：仅是强制力的结果或先占权而形成的享有权，和只能是根据正式的权利而奠定的所有权。

除了上述以外，我们可以再补充一点，人从社会状态中还获得了道德的自由，从此人成为了真正的主人，而贪欲的冲动只会使人成为奴隶。我们对自己制定的法律的服从才是真正的自由。就这一点，我已经谈论太多，而且“自由”一词的哲学意义不是我要谈的主题。

第九章　财产权

在集体形成的那一刻，集体的每个成员都把自己及其所拥有的一切都奉献给了集体。这一过程并不是说财产转手，所有权的性质就发生了改变，他们并不会变成主权者的财产。然而城邦的力量远远大于个体的力量，公共的享有权虽然没有更大的合法性——至少对外邦人来说是如此——它却比个人财产更加强大。国家对于它的成员而言，由于有构成国家的一切权利基础的社会契约，国家便成了他们全部财富的主人。对于国家与国家之间而言，国家只是由于它从个人那里所得来的最先占有者的权利，才成为了财富的主人。

最初占有者的权利，虽然比最强者的权利更为真实，但只有在私有财产权确立之后，才能成为真正的权利。每个人都天然有权得到他所需的一切，但是只有法律才能认定他真正地成为财产的唯一拥有者。不过作为受益者，他的财产权也就有了局限，不能再去占有公共财产。因此，在自然状态中脆弱的先占权，在社会状态得到完全的尊重。这种对私有财产的尊重，是对他人财产的尊重，更可以说是对不属于我们的财产的尊重。

一般说来，要认可土地的先占权，下列条件是必须的：第一，土地还未被任何人居住；第二，土地的占有只能是为了他自己的生存；第三，土地的占有不能仅凭一种空洞的仪式，而是要通过劳动耕耘，在缺乏法理依据时，这是被人尊重的唯一标志。

根据需要和劳动获得的先占权，这种权利是否扩展到极限呢？这一权利是否可以不加任何限制呢？是不是任何人只要站在一片公共土地上，就可以宣告对这片土地的拥有呢？如果他驱逐他人而短期占领了某片土地，是否这就足以剥夺别人再夺回这片土地的权利呢？当一个人或一个民族占领了大片领土，不让他人插足，难道这不应该受到惩罚么？因为他们剥夺了自然赐予给其他人的共同聚居地和生活物资。当努涅兹·巴尔波[①]站在海边上以卡斯蒂利亚王冠[②]的名义宣告拥有南太平洋和整个南美洲时，难道这就足以剥夺其他居民的所有吗？全世界的君主就没有染指的权利了吗？然而，这样的仪式一直在毫无益处地不断重复着，信奉天主教的君主只需要坐在室内，动一动就可以立刻拥有整个世界，只

---

① 努涅兹·巴尔波（Nunez Balbao，1475年～1517年），西班牙航海家，于1513年发现南美洲及太平洋，并以卡斯蒂利亚王斐迪南五世（1474年～1516年）的名义宣布占有。

② 这里指伊比利亚半岛中部卡斯蒂利亚王国的卡斯蒂利亚王斐迪南五世。

要随后把别的帝国的土地划入自己的版图就可以了。

可以想象毗邻的个人土地是如何并在一起而后成为公共领域的，以及主权权利从臣民自身扩展到其占有的土地时，又怎样成为既是对于实物的权利，又是对于人身的权利。这使得财产拥有者陷入更大的依附地位，他们的力量转变为使他们效忠的保证。古代的君主似乎并不明白这一点，他们宣称自己为波斯人的王，塞种人[①]的王，马其顿人的王，好像他们只不过是人的首领而不是国土的主人。现代君主聪明多了，号称自己是法国国王，西班牙国王，英格兰国王等。这样，他们既占有了土地，又能支配领土上的居民了。

特别之处在于，当个人把财产奉献给集体时，集体并没有剥夺其财产权，相反它还赋予个人合法的所有权，从而把据已所有变成了真正的权利，把享有变成了所有权。这样，他被看作是公共财富的保管员，他的权利也为国家的全体成员所尊重，受到国家全力的保护，防止外人染指。因此，这种财产的转让，不仅对公众有利，而且更对个人有利，也就是说，个人拿回了他所奉献的一切。这种悖论在后面陈述主权者和所有者对同一财产的权利时，会有更清楚的解释。

可能还有一种情形，就是集体形成之前，个人并没有任何财产。在他们占据足以维生的一片土地后，或者共同享有，或者将

① 塞种人（Scythians），古代欧亚草原上的游牧民族。

之划分，划分办法或是平均，或按主权者的规定的比例进行。无论是以何种方式进行这一分配，个人对那块土地的权利要永远从属于集体对它的权利。如若不然，社会的联系就得不到稳固，主权的行使就得不到力量的维护。

在这一卷完成之前，我要指出整个社会体系的基础：基本的公约并没有破坏自然的平等，反而是用道德上和法律上的平等取代了人们之间身体上的不平等。从而，在体力上、智力上不平等的人，根据约定以及法定权利却是人人平等的[①]。

① 在坏政府的统治下，这种平等只是徒有其表。它只能让穷人和富人维持在各自的贫富状态中。事实上，法律总是对富人有利，而对穷人不利。由此可见，只有当人人都有且大家一致时，社会状态才会对人类有利。

第二卷

正如建筑师在修建一座大厦前，需要勘测地基以决定它能否承受大厦的重量。同样的，聪明的立法者并不能一开始就成就一部好的法律，他要首先研究作为立法对象的人民是否接受。这就是柏拉图为何拒绝为阿加迪亚人和昔兰尼人制定法律的原因……

第一章 主权是不可转让的

以上确立的原则中，第一个也是最重要的的一个就是，只有普遍意志才能按照国家建立的目的，即共同幸福，指导国家运作。如果说个体利益的冲突使社会的产生成为必要，那么个人利益的一致也使社会的存在成为可能。正是因为这些共同利益形成了社会的联系，如果这些共同利益没有交集的话，社会就不可能存在了。因此，社会的治理也应当以这种共同利益作为基础。

因此我要说，主权是普遍意志的运用，它是不可转让的。主权者只不过是一个集体的生命，只能由它自己代表自己。权力可以转移，意志却不能转移。

个别意志虽然在某些情况下可能与普遍意志达成一致，但这种一致不可能持久不变，因为个别意志本质上就是偏私，而普遍意志追求的是平等，他们之间的一致不可能有任何保障，即便这种一致曾经存在，它也只能是出于巧合而非人为。主权者的确可以说：某某人的意愿现在就是我的意愿，但是他不能说：明天他的意愿仍是我的意愿。因为意志受未来束缚的这一说法是荒谬的，同时也因为并不能由任何别的意志来许诺任何违反原意图者自身幸福的事情。因此，如果人民无条件地服从，人民本身就会因为这一行为而解体；只要一旦出现一个主人，就立刻不再有主权者了，政治体从此瓦解。

这并不是说，统治者的号令，在主权者拥有反对的自由却没有行使否决权的时候，就不能成为普遍意志。此时，普遍的缄默就可以认为是人民的认同。这一点以后还会深入探讨。

第二章　主权是不可分割的

与主权是不可转让的一样，主权也是不可分割的。意志要么是普遍的，要么不是[①]；要么是全体人民的意志，要么就只是部分人的。在前一种情况下，这种意志一经宣示就会成为主权行为，构成法律，而后者不过是个别意志或行政决议，最多只是一道命令而已。

但我们的政论家不能在原则上区分主权，于是就在对象上将之区分开来。他们把主权分为强制力和意志；或分为立法权和行政权；或分为纳税权、司法权和战争权；或分为内政权和外交权。他们时而把这些混为一谈，时而又把它们分拆开来。他们把主权

① 意志要成为普遍的，并不一定总是需要一致通过。但每一张选票都必须计算在内，任何例外都是对它的普遍性的破坏。

者弄成是拼凑起来的怪兽，好像是用几个人的身体拼凑出的人形，其中的一个有眼，一个有臂，一个有脚，再没有别的部分了。据说日本魔术师能把小孩儿当众肢解，然后将这些肢体全部抛向天空，落下的竟还是一个活生生的孩子。这点倒跟我们的政论家的戏法有些相似：他们先肢解社会共同体，再把它们重新组合起来，其中所用的幻术只有他们自己才明白。

这一错误的原因在于缺乏对主权权威的正确理解，把主权权威所派生的东西当作是它的有机部分。比如，战争与和平被认为是主权的行为，可事实并非如此，这样的行为都不是法律，而只是法律的应用，是决定法律情况的一种个别行为。只要把“法律”一词所附有的观念确定下来，这点会看得更清楚。

用同样的方法去考量其他的分法，我们可以发现，任何认为主权是可以分割的想法最终都是错误的，而所有被认为是被分割的主权的一部分的权利其实都从属于主权，并且以最高意志为前提，那些权利都只不过是在执行最高意志而已。

这种缺乏精确性的结果给政论家们造成了极大的混乱。在研究政治权利时，他们无法根据确定的原则来判断国王和人民的相应权利。大家都可以从格劳秀斯著作的第一卷的第三章、第四章中看出来这位渊博之士以及该书的译者巴贝拉克[①]是怎样迷失于自己的诡辩之中：他们既害怕说得太多，又害怕说得太少，又害

① 巴贝拉克(Barbeyrac,1674 年 ~ 1744 年)，他将格劳秀斯的《战争与和平法》译成了法文。

怕触犯他们所要调和的各方利益。格劳秀斯对他的祖国不满，最终逃亡到法国。为了讨好国王路易十三世[①]，他把自己的书献给这位国王，他想不遗余力地剥夺人民的所有权利，想尽一切办法把这些权利奉送给国王。这也正好迎合了巴贝拉克的需要，巴贝拉克是要把他的译本献给英王乔治一世[②]。不幸的是，詹姆士二世[③]被逐——巴贝拉克称之为逊位——使他不得不保持一种谨慎的态度，含糊其辞，避开厉害，以免把威廉[④]认定为篡位者。如果这两人能够采用正确的原则，一切难题也就迎刃而解，他们自己也就可以自圆其说了。他们本该忍住痛讲真话，求得人民的满意，可讲真话不会给他们带来好运，人民也不会许给他们大使或教授地位，也不会报以丰厚的俸禄。

第三章　普遍意志是否正确

综上所述，普遍意志总是公正的，永远以公共利益为宗旨，但这并不能说人民的所有考虑都是正确的。人们当然都是希望自己幸福，但并不总是能看清它。人民是不会被腐蚀的，但他们往往会被欺骗，这个时候，人民才会愿意要不好的东西。

---

① 路易十三世（Louis XIII），法国国王，1610 年～ 1643 年在位。

② 乔治一世（George I ），英国国王，1714 年～ 1727 年在位。

③ 詹姆士二世（James II），英国国王，1685 年～ 1688 年在位。

④ 这里指英国国王威廉三世（William III），1688 年～ 1702 年在位。

在众人意志和普遍意志之间有着很大的差别，后者着眼于共同利益，而前者着眼于个体私利，因此众人一致只是个体意志的总和。众人意志中的正负相抵后[1]剩下的部分就构成了普遍意志。

如果人民能够充分了解情况，并就这一情况进行讨论，他们之间也就没有任何勾结，那么普遍意志总还是可以在大量的小分歧中产生，结果总会是好的。但是当人们在交往中形成了派系集团后，这种小集团利益开始成为成员的普遍利益，而相对于国家来说是一种个别利益。此时，表决人的数量少于公民的总数，只是等同于集团的数目，分歧在数量上就会相对减少，而表决的结果却缺乏普遍性了。最后，当这些集团中的某一个集团壮大起来，超过了其他集团，此时，选举结果就不再是小分歧的总和了，而只是一个唯一的分歧。普遍意志再也不存在，占优势的意见不过是一种个别的意见。

因此，要想很好地表达普遍意志，国家中的派系集团就不应该存在，每位公民都能够表达自己的意见[2]。伟大的莱格古士[3]建立的高明而独特的体系便是如此。如果集团派系已经存在，那么派

---

① 阿冉松侯爵说："每种利益都具有不同的原则。两种个别利益的一致是由于与第三种利益的对立。"他还说，全体利益的一致是由于与每个人的利益相对立而形成的。如果没有不同的利益，那么失去阻碍的共同利益就很难被人觉察到，一切都将自行运转，政治也就不再是一门艺术了。

② 马基雅维里说："事实上，有些划分对共和国是有害的，有些则是有益的。那些会引起宗派和党派的是有害的，而不会引起宗派与党派的则是有益的。既然共和国的创建者无法禁止敌意的存在，至少他也应该防止他们成为宗派。"（《佛罗伦萨史》，第 7 卷。）

③ 莱格古士（Lycurgus），传说为前 8 世纪斯巴达国王，著名的立法者。

系就应该越多越好，彼此处于平等地位，如梭伦[1]、努玛[2]、塞尔维乌斯[3]所做的那样。这种方法是保障普遍意志发扬光大和避免人民犯错误的绝佳途径。

第四章 主权权限

如果把一个国家看成一个道德人格，它的生命有赖于它的成员的团结，并且如果它的生存是它的首要原则，那么它就必须具有一种普遍的强制性力量，为了全体的最高利益去推动并安排各个部分。正如自然赋予人支配自身器官的绝对权力一样，社会契约也赋予了政治体支配其成员的绝对权力。正是这种权力，在普遍意志的指导下，如上所述，就称作“主权”。

但是，除了这种公共人格之外，我们也必须考虑这个公共人格的成员，它的生命和自由都是天然地独立于公共人格之外的。因此我们必须分清公民和主权者的各自权利[4]，并区别公民作为臣民应尽的义务和他们作为人的自然权利。

我承认，每个人通过社会公约转让出去自己的一切权力、财

---

① 梭伦（Solon），古希腊政治家，前594年出任雅典城邦第一任执政官。

② 努玛（Numa），罗马王政时期第二任国王。

③ 塞尔维乌斯（Servius），罗马王政时期第六任国王，约前578年～前534年在位，实行了一系列军事改革和政治改革。

④ 细心的读者们，请你们不要急于指责我自相矛盾，语言的贫乏使这一切不可避免。请等一等，再看一看。

物、自由，仅仅是转让这一切中的对集体至关重要的那部分而已。还得说明的是，主权者是决定此种重要性的唯一裁判。

但凡公民能为国家做的服务，一旦主权者需要，就应该立即去做。但是主权者也不能给臣民强加上无益于集体的任何约束，他甚至都不应该有此种想法，因为在理性和自然法则下，任何事情都不可能无缘无故的存在。

把我们和社会体联结是我们的义务，只是因为他们是相互的。在性质上，履行义务的个体在为他人服务的同时也是在为自己效劳，如果不是因为人人都把“每个人”这个词当成是自己的话，如果不是在投票时他们所想的总是他们本人的话，那么普遍意志又如何总会是公正的呢？人又为何会一直为他人的幸福着想呢？这一点证明，权利平等以及其产生的正义概念都出自于人的自爱，这也就是人的天性。这一点也证明了要实现真正的普遍意志，不仅要在目的上，还要在本质上都具有普遍性。这就证明了，普遍意志必须从全体着眼，才能适用于全体。当它倾向于某个特定目标时，它就会失去天然的公正性，因为此时让我们判断的是我们不熟悉的东西，真正的平等原则已不再适合指导我们了。

事实上，一旦某个事实或权利未被纳入事先的公约的规定，争议就出现了。一方是有关的个人，另一方是公众，可是我既看不出必须遵守的法律，也看不出谁有权决断。如果此时靠普遍意志来决断必定是荒唐的，因为普遍意志只是一方的结论，对另一方来说是外部的个别意志。在此种情形下，可能会有失公道，容易犯错误。因此，正如个别意志不能代表普遍意志一样，普遍意志一旦包含个别目标，它就不再是普遍意志，不能再对某个人或某件事做出公平的裁判。例如，当雅典人民任命或罢免他们的领袖，给某人颁发勋章，而对另一人处以刑法，并且不加区别地颁布种种个别法令来执行政府的全部行为时，普遍意志也就不再是真正意义上的普遍意志，他们不再是主权者，而是官吏了。这好像和时下的观点正好相反，请给我一些时间来阐述我的观点。

从上述来看，一种意志要成为普遍意志，取决的不是投票的人数，而是让这些人结合在一起的共同利益。在这一体系中，每一个人必须服从于他所加之于他人的条件。利益和正义之间的一致性，令人敬佩，它赋予集体商量以公平性。但在讨论个别事件的时候，没有一种共同利益能把法官的准则与当事人的准则统一起来，这种公平性也就不见了。

无论我们从哪个角度去接近这个原则，我们都会得出同样的结论，那就是：社会公约在公民之间建立了一种平等，他们都遵守同一条件且享有同样的权利。社会公约的性质决定了任何主权的一切行为，也就是普遍意志的行为，对所有公民的义务和权利都是同等的。因而主权者就只承认国家这个共同体，而不再区分构成国家的任何个人。那么，严格地说，什么是主权行为呢？它不是上级与下级间的约定，而是共同体与每个公民间的约定。它是合法的，因为是以社会契约为基础；它是公平的，因为它所有人都是共同的；它很实用，因为它除了共同幸福之外就没有其他任何目的；它很稳定，因为有公众强制力和最高权力作保障。在这种约定下，公民只需要服从自己的意志，不需要服从其他任何人。主权者和公民各自的权利究竟可以走多远，就等于是问公民对于本身——每个人对于全体，以及全体对于每个人——能规定到什么程度。

由此可见，主权权力虽然是绝对的、神圣的、不可侵犯的，但它不能超越共同约定的界限。每个个体对共同约定中配给自己的财产以及自由拥有完全的处置权。因此，主权者永远无权对一个臣民要求的比对另一个臣民要求的更多，因为那样一来，事情就变成了个别的了，主权者的权利就不再有效。

在承认这些区别之后，那种认为社会契约中的个人会做出任何真正牺牲的说法就不对了。由于契约的存在，他们的生活条件会比订立契约前更好。他们并没有失去任何东西，而是做了一项有利的交换：更稳定、更美好的生活取代了不可靠、不安定的生活；自由取代了天生的独立；自身的安全取代了侵害别人的权力；社会结合的方式保护自己不可战胜的权利，取代了自己有可能被别人征服的强制力。他们把生命奉献给国家，同时也不断地享受着国家提供的庇护，当他们冒着生命危险去捍卫国家时，他们不就是在回报自己从国家那里获得的保护吗？在自然状态中，他们难道不是极为频繁，极为危险地参与到不可避免的战斗中以保障自身的生存吗？在必要时，人们都要为国家战斗，这样，就没人需要为自己战斗了。为了保障我们的安全，只需冒一点险，这点险只是我们在失去安全时必须得冒的种种危险的一部分，这难道还不算收获么?

第五章 生死权

有人问，个人既然无权处置自己的生命，他又如何有权把这样的权利转交给主权者？不是这个问题难以回答，而是这个问题问的方法不对。每个人都有为了保护自己的生命而冒生命危险的权利。如果有人为了逃避火灾而从窗户跳下来，别人难道能说他这是犯自杀罪吗？如果有人乘船时遇到风暴溺亡，别人难道能指责说他犯了不顾风险的罪吗?

社会契约的目的是保障缔约各方的生存。为了这一目的，必须得采用手段，而手段与危险，甚至是做出牺牲，都是分不开的。任何人如果要依赖别人保全自己，在必要的时候他也得为别人牺牲生命，而且公民自己也不应当去判断法律要求自己做出的是哪种冒险。当君主对他说:“为了国家，你必须献身。”那么他也就只得舍生取义了，因为这是他一直在安全中生活的条件，因为他的生命已不再是一种天然恩赐，而是国家的有条件的馈赠。

对罪犯处以死刑，也可以用同样的观点来看待：为了不成为凶手的牺牲品，每个人就必须同意，一旦成了谋杀犯，他自己就得偿命。在这一社会契约里，人们所想的只是要保全自己的生命，而不是终止自己的生命，绝不能设想缔约方当初就是想着自己要被绞死的。

而且，由于罪犯攻击了社会权利，这使得他成为国家的叛徒。既然他破坏了国家法律，也就不再是国家的一员，甚至是在向国家挑战。这时，国家的生存和他的生存不能相容，两者之间必然有一个要消失。罪犯被处以死刑，此时他不再是公民，而是公敌。起诉和判决就是他破坏了社会契约的证明和宣告，他不再是国家的一员了。既然他曾一直是国家的一员，至少曾生活在国家境内，那么就会被视为公约破坏者而被驱逐出境，或者被作为公敌处决，因为这样的敌人不是一个道德人，而只是一个个人。这种情形下，战争的权利才是杀死被征服者。

但是有人会说，对于罪犯的惩罚是一种个别行为。的确如此，可是它是在主权者功能之外的，主权者只能将这种权利委任别人，主权者自己是不能执行的。我的观点前后是一致的，只是我无法一次全部说清。

频繁的刑罚是政府软弱无能的表现。并不是所有过失者都不可能在任何事物上成为有用的人，如果宽恕他并不意味着危险，那么他就不应被处决，哪怕只是为了以儆效尤。

至于对被依法判决有罪的人施行赦免或减刑的权利，只属于在法官和法律之上的主权者。但是就在这一点上，主权者的权利也不明确，而且使用它的场合是很罕见的。在一个大治的国家里，刑罚是很少的，不是因为经常赦免，而是因为犯罪现象很少。只有在国家衰败时，犯罪才会大量出现，多数罪犯才不会受罚。在罗马共和国时期，元老院和执政官都不曾行使过赦免权，人民自己也不曾这样做，尽管人民常常撤销自己的判决。频繁的赦免预示着罪犯不久就不再需要赦免，每个人都知道将会发生的事情。但是我心中的不满已经阻滞了我的笔，让我们把这个问题留给正直的人去讨论吧，他应从不犯错，永远不需要赦免。

第六章　法律

社会公约赋予了政治体生命以及生存。现在需要立法赋予它行动和意志，因为使政治体得以形成并结合的这一原始行为，并不能决定它为了保存自己还应该做些什么事情。

事物很美好而又井然有序，这是事物的本性使然，与人类的契约无关。所有正义的都来自上帝，上帝是唯一的正义本源。如果我们真能在如此高度上接受正义的话，我们就不需要政府了，也不需要法律了。毋庸置疑，可以找到一种完全出自理性的普遍正义，但要使人们能够接受，这种正义就必须是相互的。从人的角度看，则缺少了自然的制裁，正义的法律便是虚无的。如果正直的人在交往中总是遵守正义的法律，而别人却从不遵守，此时，正义的法律就只会成为赏恶罚善的根源。因此，必须有约定和法律，使得权利和义务结合起来，形成名副其实的正义。在一切都是公共的自然状态中，如果我不曾对别人做出承诺，那么我对他就没有义务；我认为是属于别人的，只是那些于我无用的东西。

但在社会状态下，所有的权利都来自法律，完全不同于自然状态下的情形。

那什么是法律呢？如果人们仅仅从形而上学的思维去理解这个名词，就会始终不明白它的含义。然而即使人们能说出什么是自然法，他们还是不知道国家法到底是什么。

我已说过，普遍意志不会专门适用于个别对象。任何个别对象不是在国家外部，就是在国家内部。如果它在国家外部，它的意志对于国家关系而言，就不是普遍意志；如果它在国家内部，它就是国家的一部分，在全体和全体中的这一部分之间的关系就使之成为两个分立的个体，形成对比关系。对比中一方是这一部分，而另一方是全体中减去这一部分的剩余部分。但是全体减去了一部分之后就不再是全体了，只要这样的关系存在，全体就不存在了，出现的是不相等的两部分。由此可见，一方的意志比起另一方不再具有普遍性。

当全体人民为全体人民制定规矩时，他们考虑的是他们自己。如果某种关系形成的话，那也只是某种观点下的整体对另一种观点下的整体对象之间的关系，全体仍是一个没有分割的整体。这时人们所规定的事情才具有普遍性，正如做出规定的意志一样，为普遍意志，我称之为法律。

我说法律对象总是普遍性的，我的意思是法律只考虑臣民的共同体，以及抽象的行为。它不涉及某些个别人，以及某些个别行为。法律可以规定各种特权，但不能指定把特权给予某个人；

它可以规定公民等级，甚至可以清楚地规定各等级的种种资格，但它不能指定把某人列入某一等级；它可以规定君主政府的世袭，但不能指定国王，也不能指定皇室。总之，一切有关个别对象的功能都不属于立法权力。

本着这一观念，我们会立刻看出，不用问由谁来制定法律了，它是普遍意志的行为；也不必问君主是否凌驾于法律之上了，他们只是国家的一员；不必问法律是否不公，因为没有人会对自己不公；更无须问为何人既是自由的，又要遵从法律呢？因为法律承载的是我们自己的意志。

还可以看出，法律结合了意志的普遍性和对象的普遍性，所以任何人凭个人意志说的话都不能成为法律，即使是主权者针对某个别对象的命令，也只是一种行政行为，而不是法律。

因此，我把一切实行法治的国家统称为“共和国”，无论是何种行政形式。因为只有在这样的国家，公共利益才有可能成为主导统治，公共事物才是作数的。所有的合法政府都应是共和制①，我后面再阐述何为政府。

正确地讲，法律是社会结合的条件。遵从法律的人民应该是法律的制定者，只有那些一起结成社会的人才有资格规定他们结成社会的条件。但是他们该如何规定这个条件呢？是突然觉悟而

---

① 我的理解是：这一名词不仅是指一种贵族制或一种民主制，而且一般地是指一切被普遍意志，也就是法律，所指导的政府。政府想要合法，就绝不能与主权者混为一体，而只能是主权者的执行人。这样，君主制也是共和制。下一卷中将会有更清楚的说明。

达成一致吗？政治体能够表达它自己的意志吗？谁会有这样的远见去为未来构思并公布其决定呢？或者他是如何在需要的时候公布这些决定的呢？盲目的群众，往往不知道自己需要的是什么东西，因为什么东西对自己好，他们知道得太少了。他们又怎能自己来完成制定法律这样伟大而艰巨的事业呢？人民当然希望自己幸福，但他们却并不能永远都看得出什么是幸福。普遍意志总是正确的，可是指导它的判断可不一定永远都明智。它必须看到事物的真相，有时甚至还得看到事物会呈现出的假象；必须为它指出一条它所寻求的美好道路，不要被个别意志领偏了方向，让它认清地点和时间；教它去衡量眼前的利益和长远的隐忧。个人看见幸福却不要，公众希望幸福却又看不见，两者都需要指导。所以个人就必须用自己的理性去约束自己的意志，公众也应学会去认识自己所希冀的事物。这时，公众智慧的成果会形成社会结合体中理性和意志的结合，后面就会出现各部分的密切合作，最后实现了全体的最大力量。正因如此，我们就需要一个立法者。

第七章　立法者

要找到最适合各个民族的社会规则，需要一种最高智慧。这种智慧应能洞察人类的情感而又不受任何情感支配；它应完全独立于人性之外，但又能完全了解人性；它自身的幸福与我们无关，但又愿意关怀着我们；最后，随着时间的推移，它能寻找到它的光荣，能在这个世纪里工作，而在下个世纪享受[①]。要给人类制定法律，也许只有神仙才可以办到。

卡里古拉大帝依据事实做出推断，柏拉图[②]也基于权利，在《政治篇》中进行了同样的推理，对他所探求的政治人物或作为君主的人物进行了论述。如果说伟大的君主非常罕见，那么伟大的立法者又该怎样呢？君主只不过是遵照立法者给他制作的模型而已。立法者是发明机器的工程师，而君主则负责组装机器，然后开动机器。孟德斯鸠[③]说过，社会诞生的时候，共和国的领袖创立了制度，此后便是由这些制度去塑造共和国的首领了[④]。

敢于为一国人民创立制度的人要有能力去改变人性。他要把一个独立完整的个体转化成更大的整体的一部分，这样，个体就以一定的方式在整体中获得自己的生命和存在；他要增强人的素质，做到能够以作为全体一部分的有道德的生命来代替我们人人得之于自然的独立的生命。简言之，他要能够去掉人本身的力量，才能得到他们本身以外的力量，这种力量必须依靠别人的帮助来运行。这种自然的力量去得越彻底，获得的力量就越巨大越持久，

① 一个民族到了立法开始衰颓的时候就开始出名了。我们不知道在得到希腊其他各邦注意前，莱格古士的制度已给斯巴达人创造了多少个世纪的幸福。

② 柏拉图（Plato，约前 427 年～前 347 年），古希腊伟大的哲学家，也是全部西方哲学乃至整个西方文化最伟大的哲学家和思想家之一。

③ 孟德斯鸠（Montesquieu,1689 年～ 1755 年），法国启蒙思想家、社会学家，西方国家学说和法学理论的奠基人。

④ 参见《罗马盛衰原因论》，第 1 章，孟德斯鸠著。

新生的制度就越强大越完美。公民如果不依靠集体中的他人就会一事无成，极为渺小，而如果整体获得的资源等于或优于所有人的自然力量的总和，立法也就达到最高的完美程度了。

从各个方面看，立法者都应该是国家中非凡的人物，不论是他的才能还是他的职务。这种职务既不是行政也不是主权，这一职务建立了国家，但又不在共和国组织之内。它的职能超然独特，与人间世界没有共同之处。因为号令人的人如果不应该号令法律的话，那么号令法律的人就不能号令人。否则，他的法律会受他的情感控制，往往就要贯彻他自己的不公正，而他个人的意见会给他自己事业的神圣性造成损失，并且永远不可避免。

莱格古士为他的国家制定法律前，他退出了王位。大部分的希腊城邦习惯委托别邦的人为他们制定本国法律，近代意大利的共和国也纷纷效仿，日内瓦共和国也是如此，这非常有效[1]。在罗马共和国[2]的鼎盛期，就可以看出暴政的罪恶已经在共和国的内部复活，也可以看出共和国快要消亡的征兆，因为立法权力和主权权力都集中在那些人手里。

---

① 只把加尔文（Calvin）看作是神学家的人，低估了加尔文的天才能力。他为我们法律的制定做出了很大贡献，这给他带来的荣誉并不亚于他的《体制》（Institute）一书。无论时间会给我们的宗教信仰带来何种革命，只要我们的爱国精神与自由精神不灭，那么这位伟大的人物就会永远留在人们的感恩中。

② 罗马共和国，古罗马政体，前509年～前27年。共和国实行元老院、执政官和部族会议三权分立。

但是十人会议[①]本身可没有要求仅凭他们自身的权威就有通过任何法律的权利。他们对人民说："没有你们的同意，我们向你们做出的任何建议就不能成为法律。罗马人啊，你们自己制定法律来捍卫自己的幸福吧。"

起草法律的人不能也不应有立法权力，就算人民有此意愿，也绝不能放弃自己不可转移的权利。因为，根据基本公约，只有普遍意志能制约个人。我们无法确定个别意志是否和普遍意志一致，除非已经进行了全民的自由表决。我在前面谈过这一点，但再重复一遍也并不是没有用。

因此，在立法者的工作中我们发现有两种不相容的东西：一项人力难以应对的事业和一种难以落实的权威。

还要注意到另一种困难，那就是，如果智者对普通人说话，采用的是智者自己的语言而不是普通人的语言，那么普通人就很难理解他们。可是有很多理念都无法翻译成普通语言，笼统的概念、遥远的目标都超出了人们的理解能力。每个个体是不会喜欢一个和自己私利毫不相关的政府的，好的法律要求他们不断作出牺牲，而个体却意识不到自己从中能得到何种好处。为了使一个新生的民族能够珍惜健全的政治准则并遵循国家利益的根本规律，就必须倒因为果，使本来应该是制度产物的社会精神转而凌驾于制度本身之上，并且使人们在法律出现之前，便可以成为本来应

---

① 十人会议（decemvirs），在罗马共和国时期，由平民与贵族同意组成十人委员会，进行立法、定义罗马政府原则等。

该是由于法律才能形成的那个样子。这样，立法者便既不能使用强制力，也不能使用说理。因此就有必要求之于另外一种不以暴力而能约束人，不以论证而能说服人的权威了。

正是这个缘故，在一切时代里，各民族的先民被迫去寻求上天的干预，并以他们固有的智慧开始敬仰神灵。这样，人民才会像敬仰自然一样，遵守国家的法律，并且认识到人的形成与城邦的形成都是出自同一个力量，从而自由地服从并温顺地承担起公共幸福的锁链。

这种超出普通人能力的崇高道理，也就是立法者要把自己的决定假托神道的道理，为的是让神权来约束那些为人类审慎所无法感动的人民[①]。但并不是任何人都可以为神灵代言，即使他们自称是神灵的代言人，人们也不会相信他们。立法者的伟大灵魂才是使他的事业成就的真正奇迹。任何人都可以去刻石立碑，或收买神谕，或假托通灵，或训练一只鸟雀传达神旨，或利用其他卑鄙手段欺瞒人民。搞这一套的人偶尔也能集结一群愚民，但他绝不会建起一个帝国，他这种蠢把戏很快会随他本人而湮灭。虚假的威望可以产生一些暂时的联系，只有智慧才能使之长久。流传至今的犹太法律，还有已统治半个世界达十个世纪的伊斯美[②]子孙的法律，还仍显示着其订立者的伟大。骄傲的哲学和盲目的宗派精

① 马基雅维里说："事实上，在任何民族中，不求助于上帝的超凡立法者都不存在。否则，他们的法律就会无人接受，因为尽管有许多良好的法律能被智者所认识，其道理却不能让别人信服。"[《李维论》(Discourse on Livy)，第5卷第11章]

② 伊斯美（Ishmael），传说为亚伯拉罕的儿子，阿拉伯人的先祖。

神只把这些人看成是幸运的骗子，而真正的政治理论家会在制度中赞誉伟大而有力的天才，是这些天才让功业永存。

我们不能像华伯登[1]那样从此得出结论说，政治和宗教在人间有着相同的目标，而应该说，在国家形成的初期，宗教是用来作为政治工具的。

第八章　人民

正如建筑师在修建一座大厦前，需要勘测地基以决定它能否承受大厦的重量。同样的，聪明的立法者并不能一开始就成就一部好的法律，他要首先研究作为立法对象的人民是否接受。这就是柏拉图为何拒绝为阿加迪亚[2]人和昔兰尼[3]人制定法律的原因，因为这两个民族都很富有，不能忍受平等。正因为如此，我们才看到克里特岛[4]有好法律却有坏人民，因为米诺王[5]治理的是一个邪恶的民族。

有上千个曾经辉煌过的民族都不能接受好的法律，有些能够接受法律的民族也只是在其历史的短暂时期内具有这种接受法律

① 华伯登（Warburton,1689 年～ 1770 年），英国神学家。华伯登（Warburton,1689 年～ 1770 年），英国神学家。

② 阿加迪亚（Arcadie），古希腊城邦之一。

③ 昔兰尼（Cyrene），非洲北岸的古希腊殖民地。

④ 克里特岛（Crete），位于地中海北部，希腊第一大岛。

⑤ 米诺王（Minos），希腊神话中克里特岛的王。

的能力。大部分的民族类似于个人，年轻时具有可塑性，而老年时则变得僵化。一旦这个民族形成了习惯，其偏见就会生根，任何改造都会成为一种徒劳的冒险。人民甚至于不能容忍别人为了消灭缺点去触碰自己的缺点，正如那些愚蠢胆小的病人最怕看到医生，一见到医生就哆嗦。

病人的大脑受到疾病的影响可能会失去过去的记忆，而一个国家也会出现类似的情况。革命可以让人民达到同样的效果，对过去的恐惧代替了遗忘，使饱经内战的国家得以涅槃，也就是说，逃出灭亡的怀抱而重获青春的活力。莱格古士时代的斯巴达[①]便是如此；塔尔干王朝[②]之后的罗马也是如此；驱逐了暴君之后的当代荷兰、瑞士都曾如此。

然而这种事情是相当罕见的，他们只是例外，都只存在于某一国家特殊环境里，这甚至不会重复发生在同一个民族身上。因为，只有当一个民族处于未开化的时候，它才能使自己自由，而当政治精力耗尽时，它就不再如此了。那时，纷乱会摧毁一个民族，而革命却不能使之恢复，而且一旦它的枷锁被打破，它就将解体分化而不再存续。从此，它需要的只是一位主人，而不是解放者。自由的人民啊，请记住这一句话：人们可以争取自由，但绝不能恢复自由。

---

① 斯巴达（Sparta），古希腊城邦之一，以严酷纪律、独裁统治和军国主义而闻名。

② 塔尔干王朝（Tarquin），罗马王朝，前7世纪~前6世纪。

青春不是幼年，一个民族正如个体的人，都有一个青春时期，或者说，都有一个成熟的时期，必须等到这个时期，他们才会遵从法律。但这种成熟期并不那么容易被识别，过早实行法制只能导致失败。有的民族生来就能接受法律约束，而有的民族经历了十个世纪却还是不能。俄国人永远不会真正地开化，因为它开化得过早。彼得大帝很有模仿的天赋，但不是真正的天才，不能进行从无到有的创造。有些事情他做得很好，但大部分的事情都做得不合时宜。他看到他的子民都是野蛮的，他没有看到他们还没有成熟到可以开化的程度；他想让他们成为文明人，而当时需要的却只是练就他们；他首先尝试要把他们改造成德国或英国人那样，其实他本应该把他们改造成俄国人自己应有的样子。说服他的臣民去变成另一种不同的文明人，也就阻止了他们成为本应该成为的俄国人了。有位法国教师也是如此培养他的学生的，想在学生的幼年期就把他们培养成神童，然而他终究还是失败了。俄罗斯帝国想要征服欧洲，结果反而被征服。它的附庸兼近邻鞑靼人将会成为它的主人以及我们的主人；在我看来，这场革命已无可避免。欧洲所有的君主都在努力配合，促其到来。

第九章　人民（续）

自然对健康人的身高发育设有一个限度，超出这个限度就会是巨人或侏儒。同样的，国家也应有一个合适限度，太大的话难以治理，太小的话又不能维持自身的需要。每个政治体都有一个最大力量值，这个是无法超越的。伴随着扩张，这种力量往往会越来越弱。社会纽带越是延伸，它就越松弛。一般说来，按照比例算的话，小国往往比大国更强大。

有很多原因能证明这一条原则。首先，距离越远，行政管理就越困难，正如杠杆越长，它的顶端承重就越大一样。行政级别越多，管理负担就越重，每座城市都要有一个需要百姓负担的行政体系，每个区也是如此，然后是每个省，再是大区政府、巡抚府、总督府，级别越往上，负担就越重，所有这些费用都要由不幸的人民来承担，最后还有那压垮一切的最高行政。层层行政都压在人民的身上，却治理无力。对人民来说，还不如只有一层权力。同时，他们几乎没有多余的力量来应对突发事件，而当告急时，国家往往已经濒临崩溃了。

不只是政府在很多时候会表现出勇气不足，比如执行法律，制止暴乱，矫正滥权，平定边远地区的叛乱等。而且人民对与自己从未谋面的领袖、对茫茫无边的祖国以及对大部分自己很陌生的同胞，更是缺乏感情。同样的法律不能同时适用于各个区域，因为不同的习俗与气候也不能接受同一种政府形式。不同的法律只会在人民之间造成麻烦与混乱，因为同一领袖的统治下，他们不断地交往，甚至通婚，他们接受了别人的风俗而失去自己的传统。在这样一种互不相识，全靠一个无上的中央宝座笼聚到一起的人群中，才华会被埋没，美德得不到弘扬，罪恶也得不到惩罚。事务繁多的统治者不能亲自理政，只能把国家交由它的臣僚打理。最后，为了维护普遍权威——这正是那些遥远的官吏们想躲避的，或者想利用的——所采取的种种措施会耗尽全部的公众精力。而他们再也没有精力去关照百姓的幸福，在需要的时候，他们几乎没有力量去保护人民。这样，这个庞大的共同体就会在自身的重压下倒下。

另一方面，国家必须有一个可靠的基础，能经受住各种考验。因为，所有民族都有一种离心力，希望蚕食邻人而扩张自己，如笛卡尔①的旋涡体一样。弱者随时都有被吞并的危险，除非他们之间能处在一种压力相当的平衡态，否则将难以维系。

从这里可以看出，国家的扩张和缩小都有其道理和根据，如果能在这两者之间找到国家存续的最佳条件，就是了不起的政治才干。一般来说，领土扩张是外在的、相对的，而领土收缩是内在的、绝对的，领土扩张必须从属于领土收缩。一个强大健全的体制应是国家追求的第一目标，人民应更加重视一个良好政府所产生的活力，而不应只是看到广阔领土上的资源。

此外，有些国家的制度本身就包括征服的必要性，为了能存续下去，他们只得不断扩张。也许他们会庆幸这种必要性，然而随着辉煌时期的到来，盛极而衰也是不可避免的。

---

① 笛卡尔（Descartes，1596 年～1650 年），法国著名的哲学家、物理学家、数学家、神学家，他的漩涡体说认为宇宙的一切物质都处于太阳周围巨大统一的漩涡之中，带动着行星不断运转。

第十章 人民（续）

任何政治体都可用两种方式衡量：领土的面积以及人口的数目。这两种因素之间存在一个合适的关系，可以成就一个真正伟大的国家。国家由人构成，而人依赖的是土地。如果土地能够支持其居民，而居民的数量也恰为土地所承纳，那么这种比例最为合适，可以让特定数量的居民发挥最大的力量。如果土地太广，势必造成防卫的困难和开垦的不足，而物产过剩又势必需要防卫，以防近邻国家过来争夺；但如果物产不足，国家就得依赖邻居获得补充，这很快就会引发侵略。一个民族若只能在战争或商业之间抉择的话，那么这个民族本身就是脆弱的，依赖邻居，依赖局势，它的存在必然难以安定，不会长久。它或是征服别人来改变处境，或是被别人征服而不复存在，它只有靠渺小或伟大才能保证自己的自由。

我们无法计算土地面积与居民人口之间最合适的比例，因为土地质量、肥沃程度、物产种类以及气候条件等方面的差异很大，而且居民的秉性也有很大差异，比如生活在肥沃地区的人消耗很少，生活在贫瘠地区的人消耗却很多，还得考虑妇女的生育率，各种对国家人口发展产生影响的因素，以及立法者的各种制度可能达到的效果等。立法者不仅要依赖现状还要对未来作出判断，他不单要考虑当时的人口状况，也要考虑自然人口的发展。最后，还有各种地方性的偶然事件。比如说，山区的人口密度会比较小，那里的自然物产、木材以及野味等都不需太多的劳作，而且，从经验上看，那里的妇女生育率要高于平原地区，其生活的地区大多为坡地，林木覆盖，只有小块儿的平地可以进行开垦种植。在沿海地区，就算是在岩石和荒沙上，人口也可能比较密集，因为渔业可以在很大程度上弥补土地出产的匮乏，居民也需要通过聚居的方式来抵御海盗，过多的人口还可以通过殖民的方式来消化。

要为一个民族建立起制度，除了这些以外，还有一个最重要的条件，别的条件无法替代它，没有它，其他条件都不起作用，那就是：和平和富足。国家就像一支军队，在它刚组建的时候是最脆弱的，抵抗力很差，很容易被消灭，也就是这个共同体最缺乏抵抗力而最易被摧毁的时候。在此关键时刻，如果出现战争、饥荒或叛乱，那么这个国家必定会走向覆灭。

当然，在这些风暴中会出现许多政府，然而正是这些政府毁灭了国家。篡权者往往选择或制造动乱，利用民众的恐惧心理来推行那些在正常情况下不可能被民众通过的毁灭性的法律。对建立制度的时机选择，是区分立法者与篡权者最确切的特征之一，人们可以据此分辨。

那么什么样的人民才适合立法呢？人民之间必须有某种共同起源、利益联系和社会约定，但还没有承担过法律的真正约束；人民还没有产生根深蒂固的传统和迷信；它也没有来自于邻国突然侵略的威胁，它要能够独立抵御任一邻国或借其中的某国之力来抵御另一国。它应该是一个人人彼此相识不必对任何人施加过重负荷的人民；它还要是独立自主不依赖其他民族也不被他人依赖而自存的人民①；它必须是既不富也不穷，能够自给自足的人民；最后，它还得是那种能结合古代民族的坚韧与新生民族的柔韧的人民。立法者的难处不在于要建立什么而是在于要破坏什么，其成功之所以比较少见，原因就在于很难结合天然的朴素和社会产生的需要。当然，所有这些条件很难轻易地结合，所以我们很少能见到制度健全的国家。

欧洲却有一个国家能够实现立法，那就是科西嘉岛②。岛上勇敢的民族为恢复和维护其自由所表现出的坚定与英勇，值得某位智者去教导他们如何保卫自由。我有一种预感，终有一天这个小岛会震撼整个欧洲的。

第十一章 立法体系

如果我们要探究什么构成了全体的最大幸福——这本是每个

① 如果两个相邻的民族，一个必须依靠另一个，那么前者会非常困难，而后者会相当危险。在此情形下，每个明智的民族都会尽快摆脱对其他民族的依附状态。斯拉斯加拉共和国（The Republic of Thiascala）处于被墨西哥帝国包围的状态中，他们宁愿不吃盐，也不从墨西哥购买，哪怕是送来的。聪明的斯拉斯加拉人看出了这种慷慨后的圈套。他们保住了自己的自由，而这个被大帝国所封锁的小国终究成为覆灭大帝国的工具。

② 科西嘉岛（Corsica），位于法国本土东南面，地中海第四大岛。

法律体系的终极目的，我们发现它总可以简化为两个主要目标：自由与平等。自由，一切个体的依附都会削弱国家共同体中同样大的一部分力量；平等，没有它，自由就不能存在。

我已论述过公民自由。对于平等，这个名词不是说权力和财富都应绝对平均，而是说，就权力而言，它不应该成为暴力，法律是一切权力行为的准绳。至于财富平等，就是没有公民可以富得购买奴隶，也没有公民穷到不得不出卖自身[①]。对富人来说，他们需要节制自己的财富和权势；对穷人来说，他们需要节制自己的贪婪和物欲。

有人会说这样的平等是不切实际的幻想，但如果滥用权力是不可避免的，难道说就不能纠正吗？正是因为现实总是倾向于摧毁平等，所以法律的力量才总是必须要去保障平等。

但这些良好制度的普遍目的必须进行修改，按照各个国家当地的形式与居民的性格的对比关系进行调整，每个民族都应该有针对自己的最好的制度体系，也许制度本身不是最好的，但是最适用于某个国家。比如说，如果你的土地很贫瘠，或者没有足够的土地支持密集的人口，那就转向工艺和工业方面，用以交换所需的食物；如果你拥有富庶的平原和肥沃的土地，但却因人口稀疏而耕作不足，那就全力发展能繁殖人口的农业，放弃工艺，因为工艺会把国家仅有的人口都集中到几个地点，造成国家人口的

① 要想使国家稳固，就应该使两极距离尽可能缩小，既不应有豪富，也不应有乞丐。这两个天然分不开的等级，对于公共幸福同样是致命的。一个会支持暴政，而另一个则会倒向暴君。他们之间总是在买卖公共自由：一个是购买自由；另一个是出卖自由。

减少[1]；如果你有一条长长的便利的海岸线，那就把海面都布上船舶，大力发展商贸，你的文明会光彩夺目但却昙花一现；如果海洋在你的沿岸上冲刷着几乎无法攀越的岩石，那你还是做个吃鱼的野蛮人吧，你会生活得更平和、更美好，肯定也会更幸福。总而言之，除了一般的共同原则，每个民族本身应有表现这些原则的具体方式，使法律体系更适用于自身。因此，很早以前的希伯来人和近代的阿拉伯人选择了宗教作为其目标；雅典选择了文学；迦太基[2]和梯尔[3]选择了商业；罗德岛[4]选择了航海；斯巴达选择了战争；罗马选择了道德。《论法的精神》的作者曾用大量的例证说明了立法者如何艺术地把制度引向每一个这样的目标。

当自然关系与法律在每一点上都协调一致，而法律也是用来保障、伴随、矫正这种自然关系的时候，国家才能真正强大而持久。但如果立法者搞错了目标而采用完全不符合事物本性的原则，以至于一个要奴役而另一个要自由，或者一个要财富而另一个要人口，或者一个要和平而另一个要征服，法律就会慢慢地被削弱，制度就会发生改变，国家就会动荡不断，终至消亡或变质，不可战胜的自然就会重新恢复它的统治。

---

① 阿冉松侯爵说："对外贸易的任何部门只不过是给整个国家带来一种表面的好处。它可以让某些人甚至某些城市富裕起来，但是整个国家却无收益，人民也不会富有起来。"

② 迦太基（Carthage），位于非洲北岸（今突尼斯），与罗马隔海相望。

③ 梯尔（Tyr），属腓尼基，在古代以商业和殖民著称。

④ 罗德岛（Rhodes），在古代以商业和殖民著称。

第十二章　法律分类

给全体人民设定秩序，或者把最好的制度形式带给国家，必须考虑到各种条件因素。首先是整个共同体对自身的行为，也就是全体对全体的关系，或主权者对国家的关系，在后面我们可以看到，这种关系是由比例中项的关系构成的。

规定这个关系的法律被称为政治法，如果这种法律是明智的话，我们就可以理据充分地称之为基本法。既然每个国家只有一种最好的制度来治理它，人民一旦发现了，就应该坚持它，但如果这个现有制度很不好，那为什么还要采用妨碍他们美好生活的法律呢？在任何情形下，人民总是可以改变自己的法律，哪怕是最好的法律。因为如果人民喜欢自己损害自己，又有谁有权阻止呢？

第二种关系是成员间的关系，或成员对整个共同体的关系。前一类关系应该越小越好，而后一类应该越大越好，这样每个公民完全彼此独立，但极其依附城邦。这永远是通过同一种办法实现的，因为每个成员的自由出自于国家的强制力，这种关系就形成了民法。

我们还可以考虑第三种关系，它存在于个体和法律之间，即违法和惩罚的关系，这种关系构成了刑法。从根本上说，刑法不是一种特别的法律，而是对其他一切法律的裁定。

在这三种法律之外，还有第四种法律，这是最重要的。这种法律没有铭刻在大理石或铜表上，而是在公民的心里，它形成了国家的真正宪法。每一天它都能获得新的力量：当其他法律过时或失效的时候，它可以恢复或替代那些法律；它可以保持一个民族的创制精神，使习惯的力量逐渐代替权威。我所说的是道德、习俗，尤其是公众舆论。这一类法律对我们的政治理论家来说是陌生的，但其他法律的成功却有赖于此，这正是伟大的立法者秘密潜心探究的地方。尽管他好像是把自己拘囿于个别制度的制定，其实这些制度都不过是穹庐顶上的拱梁，而唯有慢慢生发的道德才是不可动摇的制度基石。

在这些法律中，只有构成为政府形式的政治法才与我的主题相关。

第三卷

从严格的意义上讲，真正的民主制从未存在过，也永远不会存在。大多数人统治少数人是违反自然秩序的。我们难以想象人民要不断开大会来处理公共事务，并且我们也很容易看出，人民若是因此而建立起各种机构，就不会不引起行政形式的改变。

在谈政府的各种形式之前，我们应先厘定“政府”这个名词，目前它还没有清楚的含义解释。

第一章 政府总论

我要提请读者注意，本章必须仔细阅读，不能全神贯注的读者是不会明白我的想法的。一切自由的行动一定会由两个因素促成：一个是决定行动的主观意愿，另一个是执行意愿的客观力量。如果我朝一个目标前进，首要的条件是我要有此意愿，其次是我要有行走的能力。一个想走却瘫痪了的人或不想走的健康人都只会原地不动。政治体的行为也有同样的两个因素，也可以划分为同样的力量和意愿，后者称为立法权力，前者称为行政权力。没有这两者的同时作用，政治体的任何行动都是不能进行的。

我们已经看到，立法权力必须也只能属于人民。反之，从前面已确立的原则看，行政权力不能具有像立法者或主权者那样的普遍性，因为其权力是局限于个别行为的，因此它超出了法律的权限，更超出了主权者的权限，主权者的一切行为必然都是法律。

因此，必须有一个合适的代理人把公共力量结合在一起，并在普遍意志的指导下统一行动，在国家和主权者之间架起桥梁，就像灵魂和肉体结合成为一个人那样，把国家和主权者结合成一个集体的人。国家之所以需要政府，根本原因就在于此。人们往往把政府与主权者弄混淆，其实政府只是主权者的执行人而已。

那么，什么是政府呢？它是臣民和主权者之间的中间体，其责任是执行法律，维护社会自由及政治自由。

这一中间体的成员称为行政官或国王，也就是执政者，而总体称为君主[①]。有人认为人民服从于君主的行为不是一种契约，这是有道理的。它不过是一种委托，一种雇佣而已。统治者不过是主权者的代理人，以主权者的名义行使主权者赋予的权力。主权者能够在任何适当的时候限制、更改或收回这种权力，而转让这种权力与社会共同体的本质不相容，与社会契约的目的相悖。

因此，我把行政权力的合法施行称为政府或最高行政，把负责这种最高行政的个人或集体称为君主或行政官。

在政府之中存在着中间力量，它们的关系构成了全体对全体的关系，也就是主权者和国家的关系。这后一种关系可被视为连续比例的首尾两项，而政府就是这个连续比例的中项。政府从

---

① 因此，就算是威尼斯大公不在的时候，人们仍称大议会为“最尊敬的君主”(Most Serene Prince)。

主权者那里接受它向人民发布的命令，为了使国家能够处于很好的平衡状态，考虑到所有因素，那么政府自乘的乘积或幂与另一方面既是主权者而另一方面又是臣民的公民们的乘积或幂，二者相等。

而且只要改变这三项中的任何一项，就必然会立刻破坏比例关系。如果主权者想统治，或者行政官想立法，或者臣民拒不服从，混乱就会取代秩序，力量和意志就不再协调一致，国家就会解体，要么陷入专制政府状态，要么进入无政府状态。最后，正如在两个比例间只能有一个中项，一个国家也只能有一种可能好的政府。但是各种事件都可以改变民族的这些比例关系，不同的民族就会有不同的好政府形式，就是同一个民族在不同的时期，也会有不同的好政府。

为了更清楚地说明在首尾两项间能够存在的各种比例关系，我就举人口数字为例，这个比例关系很好说明。

假定一个国家拥有一万公民，主权者只能集体地作为共同体考虑，但每个人，作为臣民，应被视为个体。因此主权者对个人是一万比一，也就是说，国家的每一位成员只分享一万分之一的主权权威，尽管他完全服从主权。如果人民数目增到十万，臣民的状态不变，他们还是完全处于法律的主宰下，只是每人只有十万分之一的表决权，他的影响就降到原来的十分之一。既然臣民总是作为单一个体，他和主权者的比例也就随着公民总数的增加而增加。因此说，国家越大，自由就越小。

我说的比例增大，指的是它更加远离平等。因此，几何学意义上的比例越大，则在普通意义上的比例就越小：在前一种意义上，比例是从数量上衡量的，以商数的形式出现；在后一种意义上，比例是从相等来考虑的，以相似性来判断。

个别意志和普遍意志之间，也就是道德和法律之间的相似越少，强制的力量就得越大。因此，如果政府要成为好政府，随着公民人数的增加，它就得相应加强。

另一方面，既然国家的扩张给予了公共权威的掌握者更大的滥权的诱惑和办法，政府对人民的约束越强，主权者对政府的约束也就越强。在此我说的不是绝对的力量，而是国家不同部分间的相对力量。

从这个双比例可以看出，主权者、君主、人民三者间的连续比例并不是一个臆造的观念，而是政治体本性的必然结果。还可以看出，既然连续比例的首尾两项中有一项是作为臣民的人民，它的值固定为“一”，一旦双比例增加或减少，单比例同样的增加或减少，中间项就会随之发生变化。这说明，没有一个绝对的唯一的政府形式，而是随着国家大小的不同，会有许多性质不同的政府形式。

假如有人嘲笑这种体系说，为了找比例中项，形成政府共同体，只要求出人口数字的平方根就行了，那么我的回答是，我只是用人口数字作为一个例子，我所说的比例不仅仅要看人口，一般地说，还要看由众多因素作用的行为数量。再者，如果我是为了用简练的语言来说明我的观点而暂时借用几何术语，我当然知道几何的精确并不适合于道德方面的数量。

政府是包含政府本身的大型政治共同体的小型化，它是具有某些能力的道德人。它像主权者一样是主动的，又像国家一样是被动的，可以被分解成其他类似的关系。从这些关系中会产生新的比例关系，其中还可以按照执政等级再有比例关系，直到一个不可再分的中间项为止。也就是说，唯一的统治者或最高执政官，它可以被认为是代表这整个序列中的分数级数与整数级数之间的“一”。

我们无须纠缠这些啰嗦的名词，就简单地把政府看作是国家内部的新的共同体，一个不同于主权者也不同于人民的两者之间的中间体，这样就妥了。

这两种共同体间有一种本质差别：国家可以基于它自身而存在，而政府则只能通过主权者而存在。因此政府的统治意志是，或说只应该是普遍意志或法律，它的力量只是集中在它身上的公共力量。一旦它试图想为自己获得绝对的独立的行为，整体的联系就会开始涣散。如果君主让个别意志最终比主权者的意志还活跃，并让自己掌握的公共力量服从于个别意志，这样就会有两个主权者，一个是权利上的，一个是事实上的。这时，社会的联系立刻消亡，政治体也会解体。

然而，如果要让政府共同体存在下去，拥有一个不同于国家共同体的真正生命，如果要让它的成员能够协作实现创建政府的目的，它就必须拥有一个单独的人格，有一种为它的全体成员所共有的感情，有一种力量，有一种要求自我保存的固有意志。这种单独的存在需要的是大会、内阁会议、审议权和决定权、权利、称号，以及君主专有的特权，并且使行政官的地位得以随着它的愈发艰巨而成比例地愈加尊荣。困难是如何安排这个从属于更大的整体的附属体，保证它不会为了加强自身而破坏总的体制，保证它总是清楚地区分为保存自身的个别力量和为保存国家的公共力量。总之，使它永远都可以为了人民而牺牲政府，而不是为了政府而牺牲人民。

虽然政府这个人为共同体是另一个人为共同体的产物，可以说只拥有假借的从属生命，可它还是能够以或多或少的生气或敏捷度做出行动，在或多或少的在程度上保持健康。最后，政府虽不直接脱离创制时的目的，却可能依照它本身的结构方式，在某种程度上偏离这个目的。

由于这些原因，政府和国家共同体之间的关系，也要按照国家本身会因之而改变的种种偶然的特定比例关系而出现很多不同。但如果随着它所属的政治体的缺陷而改变它的比例的话，良好的政府往往会成为最糟糕的政府。

第二章　各种政府形式的构成原则

为了揭示这些差别的一般原因，我在此必须区分君主与政府，正如前面区分国家与主权者一样。

行政官共同体可以由数目上或多或少的成员组成。我们已经说过，主权者和臣民的比例随着臣民的数目增加而增长。依据同样的类比，我们可以说，政府和行政官之间也存在同样的比例。

既然政府的全部力量始终就是国家的力量，所以它就是恒定不变的。因此，政府在自己成员的身上消耗的力量越大，它留给全体人民的力量就越小。

因此，行政官越多，政府就越弱，这是一条基本原则，我们先好好阐明一下。

我们可以在每个行政官的身上区分出三种本质不同的意志：第一种是他自己的个体意志，总是导向他的私利；第二种是行政官群体的共同意志，这关系到君主的利益，可以称之为团体意志，对政府而言它是公共的，对政府从属的国家而言它是个别的；第三种是人民的意志或主权意志，它不论是对于全体上讲的国家还是对于只是全体中的一部分的政府都是普遍的。

在完美的法律体系中，个别的或个人的意志应该毫无地位，政府的团体意志很次要，而普遍意志或主权意志永远是主导，为其他意志的唯一导向。

然而，按照自然秩序，这些不同的意志越集中就越活跃。因此，普遍意志总是最弱的，团体意志排在第二位，而个别意志总是占据第一位，结果在政府中，每个成员都首先是他自己本人，然后才是官员，最后才是公民。这一次序和社会秩序所要求的正好相反。

这一点成立之后，我们假定政府只掌握在一个人的手里。这时个别意志和团体意志就完全统一，团体意志达到它能达到的最高强度。既然力量的运用依赖于意志的程度，而政府的绝对力量又是恒定不变的，由此可见，最有活力的政府形式就是一个唯一的人的政府。

反之，我们如果把政府和立法权威结合在一起，主权者就是君主，全体公民都是行政官。此时团体意志和普遍意志结合起来，但不会比普遍意志活跃，而个别意志仍然保留原来的全部力量。政府此时虽然还有着同样的绝对力量，却处于相对力量或活跃度的最低点。

这些关系是无可辩驳的，从其他方面考察也可以证实这一点。例如，处于共同体之中的行政官要比处于共同体之中的公民更为活跃，个别意志对政府行为中的影响也就比其对主权者的影响更大，这是因为每一位行政官总是担负着一些政府职能，而单个的公民对主权者却无此职能。还有，国家越扩大，它的实际力量也越强大，虽然实际力量和领域大小不成比例，但当国家保持不变，行政官的数目纵然可以随意增加，政府却不会因此而获得更大的力量。因为它的实际力量来自国家，这两者永远是相等的。这样，政府的相对力量或活跃度会下降，而它的绝对力量或实际力量却不会再增强。

有一点可以肯定，参与负责的人越多，处理公共事务的速度就会越慢；过分的审慎往往会错失良机，过久的考虑往往会失去考虑的成果。

我刚才论证了随着行政官的增加，政府的效率却在下降，在前面我还论证了人口越多，就需要更多的制裁力量。由此可见，行政官对政府的比例是与臣民对主权者的比例成反比的。就是说，国家越扩大，政府就要越紧缩，从而使官员的数目得以随着人民的增多而成比例地下降。

我所谈的是政府的相对力量，而不是它的正当性，因为反过来说，行政官人数越多，团体意志就越接近普遍意志，而在唯一的行政官之下，如前所述，团体意志只是个别意志。于是，我们在一个方面上得到在另一方面上失去的东西，立法者的艺术就是要善于确定这一点，使互成反比的政府力量与政府意志形成一种最有利于国家的比例关系。

第三章 政府分类

在前一章我们已经考察过为什么各种政府形式要根据构成政府的成员人数划分。在这一章，我们将探讨如何分类。

首先，主权者可以把政府委托给全体人民或绝大多数人民，这样使得担任行政官的公民的数量多于个别的普通公民，这种政府形式称为民主制。

其次，主权者可以把政府委托给少数人，这样普通公民的数量要多于行政官，这种形式称为贵族制。

最后，主权者可以把整个政府集中于一个唯一的行政官手里，其他人从他手里取得权力，这第三种形式是最常见的，称为君主制或王朝政府。

应该指出的是，所有这些形式，至少是前两种，可以或多或少地进行变动，甚至还可以在很大幅度上变动。民主制可以包括全体人民，也可以包括半数；贵族制可以从半数人民无限缩小到极少数人；甚至王朝政府在一定程度上也可以接受某些划分。依照斯巴达的宪法，它总是有两个国王；罗马帝国有时同时有八个皇帝而不会破坏统一。因此，一种政府形式总在某一点上与另一种形式是重叠的，并且我们可以看出，在这仅有的三种名称之下，政府的各种不同形式可以像国家所可能有的公民数一样多。

此外，同一个政府在某些方面可以再分为不同的部门，每一部门依不同方法进行施政，这三种政府形式结合的结果就可产生很多种混合形式，其中的每一种都可以由这些简单的形式衍生而来。

什么是最好的政府形式？人们常常就此发生争论，但他们没有考虑到一点：一种形式可能在一定条件下是最好的，而在另一种条件下却是最糟的。

如果在一个国家中最高行政官的人数应该与公民的人数成反比，那么，一般来说，民主制适合小国，贵族制适合中等国家，而君主制适合大国。这一规律是立即就可以从原则里得出来的，但对于可能出现的众多例外情况，我们该怎么去考量呢？

第四章 民主制

立法者比任何人都应该更清楚如何去执行法律和解释法律，于是最好的国家组织形式应该是能把行政权和立法权结合在一起的体制。但是，正是这种结合使这种政府在某些方面显得非常不足，因为本应区别的权力被结合起来，既然君主和主权者只是同一个人，可以这么说，就只能形成了一种没有政府的政府。

由立法者来执法，或者人民共同体把自己的注意力从普遍的观点转移到个别的对象上来，都不是好事。再没有比私人利益对公众事务的影响更危险的事了，政府滥用法律的危害远远比不上立法者的腐化，那正是个别观点的必然结果。当这样的堕落存在时，国家在本质上就出现了变化，任何改造都成为不可能的事情。从不滥用政府权力的人民绝不会滥用独立自主，总是善于治理的人民也不需要被人统治。

从严格的意义上讲，真正的民主制从未存在过，也永远不会存在。大多数人统治少数人是违反自然秩序的。我们难以想象人民要不断开大会来处理公共事务，并且我们也很容易看出，人民若是因此而建立起各种机构，就不会不引起行政形式的改变。

事实上，我确信可以提出这么一条原则：当政府职能被分给若干机构，那些人数少的机构慢慢地会掌握最大的权威，仅仅因为方便处理事务的缘故，权利就会自然而然地落入他们手中。

此外，一个民主制政府会在很多事情上难于统一。首先，国家应足够小，人们易于集会，公民彼此认识。其次，习俗和道德应很淳朴，以免出现繁复的公共事务和棘手的争论。再次，社会等级和财产应高度平等，否则权利上以及权威上的平等必定难以长久维持。最后，奢侈现象应很少或根本没有，因为奢侈或是财富的结果，或使财富成为必需；它同样地腐蚀着富人与穷人，富人面对的是占有欲，穷人面对的是贪心；它把国家出卖给了懒惰和虚荣，会剥夺掉国家的全体公民，使一些人成为他人的奴隶，而所有人成为公众舆论的奴隶。

这就是为什么有一位著名作家把美德作为共和国的基本原则，因为没有美德的话，上述的一切都无法维持。但这位伟大的思想家没做必要的区分，所以他的思想往往不够确切，有时又不清晰，而且他没有看到，既然主权权威要处处一致，同样的原则便应该在所有的有着良好体制的国家都适用，尽管或多或少，还要依据政府的形式而定。

还应该补充的是，民主制政府或人民的政府，比其他任何政府形式更可能出现内战或动乱，因为与其他政府形式相比，它都有着更强烈的不断改变自己形式的倾向，或需求更大的警觉和勇气维持现有的形式。总之，在民主制里，公民要以力量和坚定来武装自己，要每天都在自己内心深处默诵一位有德侯爵在波兰议会上所说的话[①]："我宁要危险中的自由，也不要安宁中的奴役"。

---

① 波兹南侯爵（Palatine of Poznan），即波兰国王的父亲，洛林公爵(Lorraine)。

只有神明的人民才适合用民主制来管理，这种完美的政府形式不适合人类。

第五章 贵族制

在这里，我们有两个截然不同的道德人格，政府和主权者，因而就有两个普遍意志，一个是对全体公民是而言的，另一个是对行政机构而言的。于是尽管政府可以酌情对自己的内部政策做出规划，但它对人民必须以主权者的名义，也就是以人民自己的名义，否则政府是决不能号令人民的，这一点必须切记。

最初的社会是以贵族制来管理的。各家庭的首领相互讨论公共事务，年轻人总是服从经验的权威。于是，有了“长老”“长者”“元老”“尊长”这些名称。北美的土著还在以这种方式管理，他们的管理还是相当不错的。

但是，当制度的不平等开始盛行，凌驾于自然的不平等之上时，财富或权力就取代了年龄[①]，开始为人看重，贵族制走向选举制。最后，权力随着财产父子相继，某些家庭就成了贵族，使得政府变成世袭制，有时会出现二十岁的元老。

因此，有三种贵族制：自然的、选举的以及世袭的。第一种只适于简单的家庭；第三种是所有政府形式中最糟糕的；第二种

① 很明显，古人用“贵族”（optimales）一词表示最强大的，而不是最好的。

最好，它是真正意义的贵族制。

除了有区分两权的优点，它还有着选举自己成员的好处。在民主政府中，全体公民生来都是行政官，但是贵族制却把行政官仅限于少数人，他们只能通过选举获得职位[①]，从而使正直、开明、经验及其他受公众尊重的品质成为明智政府的保证。

另外，集会也便于举行，事务得到了良好的讨论并处理得井然有序，德高望重的元老们比起那些无名之辈或受人轻视的群众，能更好地维持国家的对外威信。

总而言之，如果能够确定精英是为了国家利益而非自己的利益而管理的话，精英来管理群众是最好最自然的安排方式。这样就不需要增加无用的机构，也不需要派上两万人去干只需要挑出一百人就可以干得更好的事情。但必须注意，共同体的利益由此开始使公共力量较少地受普遍意志的约束，同时，另一种不可避免的倾向又会从法律夺走一部分执行的力量。

从特殊的便利着眼，国家不能太小，人民也不能太简单、太直接，法律的执行要如在一个好的民主制国家里一样直接来自于公众意志。国家也不能太大，那样的话，因治理国家而分散四处的治理者，会在各自的辖区内分割主权、闹分裂最终成为了主人。

贵族制虽不像人民政府那样需要某些美德，但它也需要有它

---

① 通过法律把官员的选举形式规定下来尤为重要。如果把它留给君主决断，那就不可避免地要变成世袭的贵族制了，就像威尼斯共和国和伯尔尼共和国曾出现的那样。前者国家早已解体，而后者则是由于有极其贤明的元老院才得以保存下来，这是一个例外，值得尊敬但也非常危险。

本身所特有的品德，比如富人的节制和穷人的满足，因为彻底的平等似乎不合乎贵族制，就连在斯巴达也不曾见过。

然而，如果这种政府形式带有一定程度上的财富不均的话，一般来说，那只是为了可以把公共事务管理委托给那些能贡献全部时间的人，而不是像亚里士多德认为的那样，是为了让富人可以处处占得先机。反之，更为重要的是，相反的选择有时候可以教育人们，让他们认识到，人的美德比财富更有理由值得尊重。

第六章　君主制

到目前为止，我们一直是把君主当做一个道德的与集体的人格考虑，它是由法律力量凝结在一起，成为国家中行政权力的受托者。现在，我们要考虑将这种权利集中于一个真正的自然人手里的情况，唯有这个人才有权依法行使这种权利，这个人称为君主或国王。

其他的政府形式都是由一个集体人格来代表个人，而这种政府形式与之完全相反，是个人代表一个集体人格，同时体现了道德上与人身上的统一。在其他制度中，法律需要克服极大困难才能结合起来的种种能力，在这种形式里却自然地统一在一起。

于是，人民的意志、君主的意志、国家公共力量以及政府的个别力量，都在响应一个主要驱动力。机器所有的力量都掌控在一个人手里，一切都朝着一个目标前进，不会有相反的运动相互抵消。再也想象不出有任何一种体制可以由如此小的努力产生如此大的效果。在我看来，阿基米德[①]静坐岸边，轻易拉动一条浮在水面上的大船，就像一位有为的君主坐在书房里，治理着他的大国，他在推动一切，而自己却纹丝不动。

但是，其他任何政府都没有君主制有活力，也可以说其他任何政府的个别意志都不会像君主制一样具有更大的势力，更容易统治其他意志。一切虽然都朝着一个目标前进，但这个目标并不是公共幸福，也正是这种行政权力在不断地转化为对国家的一种损害。

国王都想成为绝对的君主，百姓会向他们遥遥诉求，要想成为绝对的君主，最好的办法是去赢得人民的爱戴。这条准则非常美好，在某些方面，也是真实的。不幸的是，这条准则在宫廷里成了一个笑话。发生于人民的热爱的权力当然是最强大的，但是不稳定，而且有条件，君主们不会满足于此。就连最好的国王也都想能够为所欲为，却又不影响自己的权位。政治说教者可以对国王说，人民的力量就是国王的力量，国王的最大利益就是繁荣、富庶、强盛，然而国王们知道这不是真话。他们的私人利益决定了首先要使人民软弱贫困，这样永远不会反抗国王。我相信如果臣民总是完全地服从，臣民的强大，也就是国王的强大，可以使国王威辐四海。但这只是次要的从属利益，因为力量和彻底服从不能兼有，国王总是偏爱那些对他们自己最直接而有用的准则，

① 阿基米德（Archimedes，前 287 年～前 212 年），古希腊科学家。

这就是撒母耳[1]向希伯来人所强调的，也是马基雅维里[2]清楚证明过的。马基雅维里自称是给国王讲课，其实是讲给人民的。他的《君主论》是共和党人的教科书[3]。

我们发现，在一般条件下，君主制只适合大国，而考察君主制后我们也会发现这一点。公共行政机构的人数越多，则君主对臣民的比例就越小，使得两者接近相等，在民主制下这个比例为一比一，就是准确相等。这一比例随政府变小而增大，当政府集权于一人时达到最大。统治者和人民间的距离过大，国家就会缺少联系。为了建立联系，于是就有了中间的级别，如王公、大臣、贵族来充当中间级别。然而所有这一切都不适合小国，这些等级会毁灭一个小国。

但是，如果大国难以治理，靠一个人来治理就更困难了，人人都知道一旦国王指定代理人，将会有什么结果。

君主制政府有一个无法避免的根本缺陷，使得它总是不如共和制政府。在共和制下，公共舆论几乎总是可以把英明能干的人

---

① 撒母耳（Samuel），公元前 11 世纪以色列有名的法官和预言者。

② 马基雅维里（Machiavelli，1469 年～1527 年），意大利政治思想家和历史学家。其代表作有《君主论》，主要论述为君之道，以及应该如何夺取和巩固政权等。

③ 马基雅维里很正直，也是位好公民。但因依附美第奇王庭（Medici），所以不得不在举国压迫之下掩饰对自由的热爱。他选择那样一位可咒诅的英雄恺撒·博尔吉亚（Caesar Borgia），这件事就清楚表明了他的潜在目的。而他的《君王论》（the Prince）一书中的原则与他的《李维论》和《佛罗伦萨史》两书相矛盾，也说明了这位深刻的政治思想家至今都只有肤浅堕落的读者。罗马宫廷曾严禁这本书。我很相信这一点，因为这本书描写得最明晰的正是罗马宫廷。

送上最高岗位，给他以荣誉来完成他们的责任。而在君主制下，走运的往往总是卑鄙的诽谤者、骗子、阴谋家，他们凭小聪明得宠于宫廷之上，而一旦爬上高位就会暴露出自己的不称职。人民在这个方面犯的错误要比君主少，而且一个真正有才干的人能出任大臣的这种情形非常稀少，就像让一个傻瓜出任共和制政府首脑的情形一样少见。所以，在一个几乎被一群“绅士范儿”的执政者控制的君主制里，如果某个天才因机缘巧合执掌国政的话，他发挥的才能一定会让人吃惊，这会为这个国家开辟出一个新时代。

要把君主制国家治理好，国家人口以及面积与统治者的才干都应是成比例的。征服一个国家比治理好一个国家容易得多。如果有足够长的杠杆，任何人都能以一指撬动天下，但要想维持它，他可得有赫居里士[①]的肩膀。不论国家多么小，对国家而言，君主几乎总是太渺小了。然而，也有一种罕见的情形，国家对首领来说太小了，可是国家还是治理不好，因为他为了铺展自己的伟大宏图，往往会忘记人民的利益，结果他会滥用他那过多的才干，反使他的人民蒙受不幸，这不亚于一个能力有限的君主因缺乏才干而给人民带来的不幸。可以这样说，一个王国必须根据君主的能力决定其扩张或收缩，但如果元老院的能力比较稳定，国家就可以保有稳定的疆界，而国家的行政也不会出现问题。

君主制政府最明显的不利之处在于缺乏连续不断的继承性，

---

① 赫居里士（Hercules），希腊神话中的大力神。

其他两种政府形式却有着永不间断的纽带。一旦国王去世，就需要产生新的国王。选举会留下危险的间断期，阴谋和腐败必将出现，除非公民能够大公无私，团结一致，而这在君主制政府里是不能指望的。很难说把国家收买到手的人不会去出卖国家，也很难说他不会去压榨弱者以弥补他以前被强者敲去的钱财。在这样的行政机构里，迟早一切都变得唯利是图，人们在国王治理下享受的和平还不如权力真空时期的混乱。

都采取过什么办法来防止这样的弊病呢？人们曾让几个家族固定世袭王位，确定好继承顺序以防国王去世后出现纠纷。也就是说，用摄政的缺陷来取代选举的缺陷，宁愿要表面的安定，也不愿要贤明的行政，宁愿冒险让孩子、怪物、傻瓜来当首领，也不愿意为了选择好国王而发生纠纷。他们没有想到，在冒着这种二选一的危险的时候，他们几乎是使得一切机会都不利于自己了。小但尼斯[①]的父亲曾责备他的某次可鄙行为，说："我给你做过这种榜样吗？"他回答道："没有呀，但你的父亲不是国王啊！"小但尼斯的答语也不无道理。

当一个人成长到可以号令他人的时候，各种因素会使他失去正义感和理性。据说，有人曾费尽心力来教年轻的王子统治的艺术，但这种教育好像并不管用，最好还是先教他们服从的艺术吧！历史上那些流芳百世的伟大国王所受的教养，绝不是为了进行统治的，

① 小但尼斯（Syracuse），古代叙拉古国君，前368年～前343年在位，与其父老但尼斯（前405年～前368年在位）同以暴君出名。

统治是一门科学，教得太多反而学不好，但在只知服从不知号令的时候，就会收获最多。“辨别好坏最快的佳径就是把自己放在别人的位置，而不是身为国王，在别人的情境中决定自己最需要什么以及不需要什么[①]。”

皇朝政府缺乏连续性导致了一个结果，就是政府不稳定。皇朝政府政令变化多端，全凭作为统治者的君主或其统治的代理人的脾性，政府不能长期坚持一个固定的目标，也不能有一贯的行动。这种动荡不定使得国家总是从一种准则转到另一种准则，一种政策转到另一种政策。而在其他政府形式下，因其君主总是不变的，这种变化就不会发生。于是我们看到，一般而言，在宫廷中有着更多的诡计，在元老院有着更多的智慧，而共和国以更稳定明智的政策朝着自己的目标前进。一次内阁范围内的变革绝不会导致一起国家范围内的革命，因为所有的大臣和大部分的国王都有一个共通的原则，那就是一切措施都要与他们的前任相反。

这种不连续性还可以解决那些已被我们驳斥过的诡辩。它们常常被保皇派政论家运用。那就是，他们把公民政府比成家庭政府，把国王比成一家之主，而且还任意地赋予这位行政官以种种他所必须具备的美德，并假定君主总是他应该的那个模样。在此假定下，皇朝政府显然要比其他一切政府形式都好，因为不可否认，它是最强大有力的政府，只要使其团体意志更符合普遍意志，它还

① 参见《历史》，第 1 卷第 16 章，塔西佗著。

会是最好的政府。

但是，如果按照柏拉图①的说法，天生的国王是非常少见的，天性和运气合力将王冠加在他的头上，这会是常有的事情么？而且，如果皇室的教育只能腐蚀这种受教育者，我们又能从那些世袭的君主那里期待些什么呢？因此，把皇朝政府和一个明君下的政府混为一谈，只会是自欺欺人。要观察这种政府到底如何，就必须要考虑到无道昏君治下的政府，因为这些君主在登基时就是昏庸无道的，或者是王位让他们变得昏庸无道。

这些困难并没有逃出我们作家的眼睛，但他们并不觉得为难。他们说解决的办法就是默默服从。上帝恼怒时才会给人们降下昏君，所以必须忍受，这是上天对人们的惩罚。的确，这种想法相当有启发性，但我相信，把它放在教堂里比放在政治著作里好像更合适。如果医生许诺了一个奇迹，而他的全部本领只不过是劝说病人忍耐，我们将会说些什么呢？每个人都明白，如果我们已有一个坏政府，我们必须忍受，但问题是如何找到一个好政府。

第七章　混合政府

严格地讲，政府不会以单一的形式存在。一个唯一的统治者一定会有下级行政官，一个人民政府也必须得有一个领袖。因此，

① 参见《政治篇》(The Statesman)，柏拉图著。

在行政权力的分配上，就有一个从数目较多到数目较少的级差，有时多的要依赖少的，有时少的要依赖多的。

有时，权力分配是相等的。各个组成部分可能互助依赖，如英国政府；或每一部门的权力可能是独立的，但不完善，如波兰政府。后一种形式不好，因为它让政府失去了统一性，国家内部缺乏联系。

混合的政府与单一的政府，哪个更好？政治理论家常常就这个问题展开激烈的争论。对于这个问题，我上面在论述不同政府形式时已经得出了同样的答案。

就本身而言，单一的政府形式比较好，因其简单。但当行政权力不完全依附立法权力时，也就是说，当君主对主权者的比例大于人民对君主的比例时，就必须对政府进行划分来弥补比例上的失衡。这样一来，政府的各个部门对臣民的权威就不会减少，但这样的划分使他们总体上不如主权者强大。

在这两种权力之间设立行政官可以解决这种比例失衡的问题，中间行政官可以平衡两种权力，并维持两者各自的权利，还能保证政府的完整性。此时的政府不是混合的，而是有节制的。

还可以采用类似的方法修正与此相反的比例失衡。当政府太松散，可以建立委员会使之集中化。所有的民主制国家都是这么实行的。在前一情形下，划分政府是为了削弱它，后一种情形则是在加强政府。因为强力的极限与软弱的极限同样地出现在单一的政府形式中，而混合的政府形式则产生比较平均的力量。

第八章 任何政府形式都不能适合所有国家

自由不是任何气候下都能产生的，也并不是任何民族都能得到的，这是孟德斯鸠确立的原则。越是深究它，越能感到其中的真理；越是反驳它，就越有机会得到新的证据证明它的正确。

在世界上一切政府中，公家都是只消耗不生产。那么这些消耗的资料从何而来？那就是其成员的劳动。公家的需求由个人剩余所提供。从这一点看，只有当人们生产多于他们的所需时，政治状态才能维系。

这种过剩在各个国家并不都是一样。有些地方多一些，有些地方少一些，而在另一些地方生产刚好满足消耗，有时甚至不足以消耗。这一关系取决于气候条件、土地所需的劳作、物产的性质、居民的体力和他们的消耗量，以及总的关系所包含的其他同样的关系。

另一方面，各个政府的性质也不一样，他们的胃口也有大小之分，而这些不同还要基于另一条原则，即公共税收离其来源越远，则负担就越大。这里，负担不能用税收数量来衡量，而应该是税收回转到纳税人手里的这个过程所要覆盖的距离。当此循环运作迅捷而制度良好时，赋税的多少则不紧要，人民总是富足的，而国家财政状态总是良好的。相反，如果人民缴纳的税收都没有一点点回转到他们手里的话，这一源泉终究会被榨干，于是国家永远不会富足，而人民永远都是贫困的。

由此可见，人民与政府间的距离越大，赋税就越重。因此，民主制下的人民的税收负担最轻，贵族制下的较重，君主制下的最重。所以，君主制只适合富裕的国家；贵族制适合中等富庶和中等大小的国家；而民主制则适合贫穷的小国。

事实上，越是思考这个问题，我们就越会发现自由国家和君主国家的不同：前者一切都用于公共利益；而后者公共资源和私人资源成反比，一个增加另一个就得减少。总之，君主专制政府不会为了臣民的幸福而进行统治，而是要迫使其人民贫苦以便于统治。

在各种气候下，我们应根据自然条件来决定最适宜于其气候的政府形式，甚至于可以决定它应该有哪种样子的居民。

贫瘠地区的物产抵不上劳动，这些地方就应该抛荒，或者由未开化的野蛮人居住。劳动所得刚刚维持需要的地区就应由野蛮人居住，这种地区不可能有政治制度。劳动生产稍有剩余的地区适合自由的民族。那些富饶肥沃的地区，劳动少而出产多，应该由君主制统治，使臣民的剩余为君主的奢侈所消耗，因为由个人浪费掉不如由政府吸收。我知道这里也有例外，但它们恰恰证明了这一规律，那就是迟早会出现革命，从而使一切又回到自然秩序。

一般规律和特殊原因是一定要区别的，因为后者只会影响到前者的效果。纵即整个南方都是共和国的天下，而整个北方都是君主专制政府，然而由于气候的作用，君主专制适合高温地区，野蛮人适合寒温地区，而良好的政治制度则适合温带地区。我知道这一原则虽会为人接受，但在实际应用中却颇有争议：有人会说寒温地区的土地有肥沃的，而高温地区也有贫瘠的。但这只是没有从全面关系去考察事物而出现的问题。如我所说，一定要考察劳动、力量、消费量等的比率。

假定同样大小的两块土地，其中一块儿出产量为五，而另一块儿出产量为十，如果前者的居民消耗量为四而后者为九的话，那么前者的剩余就是五分之一，而后者的为十分之一。两者的剩余既然与生产率成反比，那么生产量为五的那块土地的剩余要比生产量为十的那块土地的剩余多一倍。

但这并不是产量加倍的问题，我不相信会有人把寒温地区国家的出产一般等同于高温地区国家的出产。但我们不妨也可以假定这种相等，比方说，英国等于西西里，波兰等于埃及，往南就是非洲和印度群岛，往北一点就什么也没有了。为了使他们的产出相等，在耕作方面就会有很大的差别。在西西里，只要松松土就行了，而在英国就得花大力气去耕作。在需要更多的人力以达到等量物产的地区，它的剩余就必然会小。

还要考虑这一情况，在高温地区，同样数量的人口的消耗量要小得多。因为气候的原因，人必须节制饮食以保持健康。欧洲人如果在高温地区像在家乡一样生活的话，就会死于痢疾和消化不良。沙尔丹[①]说："相比亚洲人，我们是肉食动物，是豺狼。有人认为波斯人的节省是因为其耕种不足，但我相信他们土地出产不丰是因为其人口所需不多。"他还说："如果他们的节制食欲是土地歉收的缘故的话，那就应该只有穷人才吃得少，而不会是所有人普遍都吃得少。在各个省区，人们的食欲依土地肥沃程度而变化，而不应是整个王国的人都同样吃得少。波斯人对自己的生活方式非常自豪，说只要看一看他们的气色就可以知道他们的生活方式比基督徒的方式要优越得多。波斯人确实有着匀净的面色，他们的皮肤紧致细嫩有光泽，而他们的属民，那些按照欧洲人方式生活的亚美尼亚人，他们的面容粗糙，身材肥粗笨拙。"

离赤道越近的人吃得就越少。他们几乎不吃肉类，大米、玉米、高粱、小米和卡萨麸是他们的日常食物。印度群岛有好几百万人，他们每天所耗都不到一苏[②]钱。就是在欧洲，人的胃口也是颇有南北差异。德国人的一顿晚餐可以让西班牙人吃上一星期。在人人贪吃的国家里，奢侈就表现在吃上。在英国，奢侈表现为一大桌肉菜，而在意大利，奢侈则表现为糖果和鲜花。

衣着上的奢侈也有着类似的倾向。在季节变化剧烈的地区人民穿着得更好、更简单；在衣着只是为了装饰的地区，他们更注

① 沙尔丹（Chardin，1643年～1713年），法国旅行家，曾多次到过波斯以及东印度。

② 苏（sou），法国古辅币，为一镑的二十分之一。

重外表而不是实用，衣服本身就是奢侈。在那不勒斯[1]，每天都可以看到许多人在鲍昔里普山[2]上闲步，只穿着光彩夺目的外衣而不穿内衣。就房屋来说，情形也是如此：当人们完全用不着担心气候会伤害人的时候，他们就一味讲求富丽堂皇。在巴黎、伦敦，人们要求住得温暖而舒坦；但在马德里，人们虽有着精致的客厅，但却没有可以关得上的窗子，而且他们就在鼠洞般的屋子里睡觉。

在高温地区的国家里，食物更丰满多汁，这是第三种差别，而这种差别肯定会对第二种差别产生影响。为什么意大利人要吃那么多蔬菜？就因为意大利的蔬菜好，营养高，味道美。法国的蔬菜全是用水浇大的，毫无营养，所以在宴席上蔬菜就没有一席之地了。可是它们并不少占土地，并且至少也得花费同样的精力去种植，这是一条确定的经验。巴巴里[3]的小麦尽管不如法国的小麦，可是能磨出更多的面粉；而法国的小麦却又比北方的小麦出粉率更高。依此类推：在赤道到北极的这个方向上，一般都可以观察到相似的级差现象。从同等数量的产品之中，所得到的粮食却较少，难道这不是一个明显的不利因素吗？

除了这些差别，我还可以再加上一条，它是从其中引申而来，并且让它们更有说服力：相比寒温地区的国家，高温地区的国家不

① 那不勒斯（Naples），意大利南部的第一大城市。

② 鲍昔里普山（Pausylippe），意大利那不勒斯附近的小山，为著名的风景区。

③ 巴巴里（Barbarie），指北非的地中海沿岸地区。

需要太多居民也能够养活更多的人口，这产生了一个有利于专制政府的双重剩余。同样数量的人口所占的地方越大，他们的反叛就越困难，因为他们无法迅捷地秘密筹划，政府总是可以轻易地发现其密谋而切断其一切交通。但人口越是集中，政府越难篡夺主权者。首领在他们的密室之中谋划，也正像君主在他的内阁会议中那样一样地安全，群众也可以如士兵在军营中一样在广场上迅速集结。因此一个暴君政府的便利之处就在于它能在远距离上行动，借助于它所建立的各个支点，它的力量就能像杠杆一样随长度增长而力量增大[①]。在另一方面，人民的力量则只有集中起来才能起作用。一旦分散，力量就会蒸发消失，正如洒在地面上的火药，只能是星星点点地燃烧。由此看来，人口最少的国家最适合暴君制：凶猛的野兽只能在荒野中称王。

第九章　德政的标志

如果要问“什么是最好的政府？”，这个问题难以回答，也难以认定。或者说，各民族的绝对条件和相对条件都会有很大差异，因此这个问题是没有好答案的。

---

① 这与我在前面（第2卷第9章）所说的大国的不利因素并不矛盾。那儿所说的是政府对其成员的权威，而这儿考察的是它制约臣民的力量。政府成员分布各处，就如同一个个杠杆支点，用它应对边远的人民。但它却没有任何支点来直接对付政府成员自身。因此，杠杆的长度有可能是政府的弱点，也有可能是政府的优点。

但如果要问如何判定民族治理的好坏，那就是另一回事儿了，可以根据事实解决。

然而这个问题也没有得到解决，因为大家都有着自己的方式。臣民要求公共安宁，公民要求个人自由；有人要求财产保障，有人要求人身保障；有人认为政府应从严管理，惩罚犯罪，有人认为政府应从宽执政，防止犯罪；有人希望自己的国家被邻国惧怕，有人希望自己的国家被邻国忽视；有人高兴于金钱的流转，有人则要求人人有饭吃。但就算人们在上述和其他类似的问题上意见一致，是不是这个问题就能更接近答案呢？所以就算人们在这个标志上达成了一致，可在估价上又如何才能意见一致呢？道德是不能精确度量的。

我一直感到惊讶，一个那么简单的标志为何没人认同，或者说没有信心承认呢？政治结合的目的是什么？其成员的生存与兴旺。衡量他们的生存与兴旺的最确切的标志是什么？他们的数量和人口。因此，就不必再去寻找其他争议性的标志了。在一切都相等的情况下，最好的政府无疑是那个在其统治下不需靠外来移民和殖民等手段，而使公民增加最多最快的政府；最坏的政府就是在其统治下人民减少的政府。统计学家们，剩下的就是你们的任务了，计数，测量，比较①。

第十章 政府滥权和蜕化趋势

正如个别意志总是不断地对抗普遍意志，政府也总是会努力反对主权。这样的努力越大，则体制就改变得越多，因为这里没有其他对立于君主的团体意志来制衡它，迟早有一天君主会不可避免地压倒主权者而破坏社会契约。从政治体诞生的时刻起，这一内在的必然缺陷就在不断地使之走向消亡，正如衰老和死亡最后会摧毁人的身体一样。

---

① 按照同样的原则，可以判断哪个世纪最有利于人类的繁荣。人们对文学艺术繁荣的时代给以过誉，是因为他们没有深究这些文明的隐蔽目的，也没有考虑它们的致命效果。“蠢人所说的‘人道’，那是奴隶制的一部分。”[《阿古利可拉传》(Agricola)，第 16 章，塔西佗著] 从书中给出的格言里，难道我们就看不出那些让作者们代言的庸俗利益吗？不，不管他们说什么，如果一个国家人口在减，那么哪怕它有再大的名望，太平盛世就绝不是真的。诗人一年可以拿到十万法郎，但这并不足以证明他所处的时代就是最好的时代。我们应该少关注首领们的表面淡定与从容，多关注整个民族的幸福，尤其是那些人口多的国家。叛乱和内战会让统治者十分惊慌，但不会给人民造成真正的不幸，在决定谁来鱼肉人民的争夺中，人民甚至可以得到喘息的机会。人民真正的繁荣或灾难取决于他们的常态：只有当全体都在羁轭中被压的时候，毁灭才会开始。只在这时，首领才能随意地摧残人民，“荒野之所，他们谓之和平之地”。[《阿古利可拉传》(Agricola)，第 31 章，塔西佗著] 权贵纷争扰动着法兰西王国，巴黎副主教袖藏匕首去出席议会，这些都不妨碍法国人民在安逸自由中有尊严地繁盛与生衍。久远以前的希腊就是在最残酷的战争里繁盛起来的，血流成河但却人丁遍地。马基雅维里说过，看来我们的共和国就是在谋杀、流放与内战中强大起来的。公民的品行、道德与独立性让国家更强大，胜过纠纷的作用，那些纠纷只会削弱国家。出现一些动荡会让灵魂更有活力，而真正能使种族繁盛的与其说是和平，倒不如说是自由。

政府蜕化有两种普遍的方式：收缩或国家解体。

当政府从多数人过渡到少数人，也就是从民主制过渡到贵族制，从贵族制过渡到君主制，政府就会收缩，这本是政府的自然倾向[①]。如果它从少数人到多数人过渡，可以说它是松散的，但这一逆转过程是不可能的。

实际上，除非政府能量消耗使它衰微到不能保持原状，不然的话，政府永远不会采取新的形式。政府在扩张过程中只能使它更为虚弱，力量会减少为零，从而更难保障自身。因此，就必须随着政府力量的损耗而加以补充和紧缩，否则这个力量所维系的

---

① 威尼斯共和国慢慢在水域中形成并发展，就是这种过程的显著例证。一千二百多年来，威尼斯人似乎依然处在1198年西拉尔·康塞里奥（Serrar di Consiglio）开启的第二阶段，这让人很吃惊。人们谴责那些古代大公们，无论《威尼斯自由论》（Squittinio della libertà veneta）怎么讲，这些大公们都不是他们的主权者，这一点是已经证明了的。肯定有人拿罗马共和国来反驳我，他们会说罗马共和国的历程完全相反，是从君主制过渡到贵族制，又从贵族制过渡到民主制，但我绝不这样认为。罗穆卢斯最初创立的是一个混合政府，这个政府迅速地蜕化为专制体。由于特殊原因，这个国家就像新生儿一样，还未成年就早早夭折。塔尔干王朝被放逐才是罗马共和国的真正诞生。但最初罗马共和国没有采取稳定的形式，罗马人还有一半工作未做，他们并没有消灭贵族。在合法的行政制度中，最坏的是世袭贵族制，它一直与民主制相冲突。正如马基雅维里证明的那样，政府的形式直到保民官制度设立后才确立起来。从那时起，才有了真正的政府，真正的民主制，因为人民不仅是主权者，还是行政官和司法官；元老院只是一个从属性的执政会议，来制约或集中政府的权力；执政官虽为贵族，担任首席行政官以及战时绝对统帅，但在罗马也不过是人民的主席而已。此后，罗马政府便循着自然倾向，强烈地趋向贵族制。贵族好像是废除了自己，于是像威尼斯和热内亚那样，贵族制在贵族共同体中就不再存在，而存在于由贵族和平民所组成的元老院共同体中，甚至存在于保民官共同体中——当保民官开始篡夺主动权力时。名词并不能改变事实，当人民有了统治他们的首领时，无论冠以什么名号，政府总归是贵族制。贵族制的滥权造成了内战与三雄政治。事实上，苏拉、尤利乌斯·恺撒、奥古斯都（Augustus）已成了真正的国君，最后在提比略（Tiberius）的专制体下，国家终于解体。因此，罗马历史是证实了而不是驳倒了我的原则。

国家就会没落。

国家的解体有两种方式。

首先是君主不再依照法律管理国家，而是篡夺了主权权力。这时会产生明显的变化：不是政府在收缩，而是国家在收缩。我的意思是国家作为整体解体了，而另一个国家在原有基础上形成，它只包含政府的成员。对其余的人民来说，这个国家只是他们的主人或暴君。于是，一旦政府篡夺了主权，社会公约就会遭到破坏，于是每位普通公民又恢复了他们的天然自由，这时他们的服从就是被迫的而不是有义务的。

当政府成员分别地篡夺了他们本应作为集体才能行使的权力，也会出现同样的情形，这也是违法的，还会导致更大的混乱。这时候，可以说行政官的数目和君主的数目是一样多的，国家的分裂也不亚于政府，要么灭亡，要么就改变形式。

当国家解体时，不论何种形式的政府滥权，都可以通称为无政府状态。民主制蜕化成了流氓统治，贵族制则成了寡头政治，我还可以加上一条，君主制成了暴政，只是这个词的语义模糊，需要加以解释。

在通俗意义上，暴君是指统治残暴，无视正义与法律的国王。在严格含义上，暴君是摄取了王权但没有权利享受王权的人。希腊人所称的暴君即是如此。凡是权威不合法的君主，希腊人便称之为暴君，不管他们是仁是恶①。因此，暴君和篡位者是同义词。

为了分辨两者，我用“暴君”一词称呼君主权威的篡夺者，而用“专制君主”称呼主权权力的篡夺者。暴君虽非法登位但依法而治，专制君主可以把自己凌驾于法律之上。因此，暴君不一定是专制君主，但专制君主永远是暴君。

第十一章　政治体的死亡

这是自然趋势，体制最好的政府形式也无可避免。如果斯巴达和罗马都会消亡，哪个国家能期望永恒呢？如果我们想形成一个持久的制度，就不要梦想什么永恒。为了能够成功，千万不要去尝试不可能的事，也不要自诩能赋予人类的作品以人类的事物所不允许的坚固性。

政治体跟人体一样，在它出生的时候也就开始了死亡的过程，它本身就包含着使它消亡的原因。但人体和政治体也都有着或强或弱的结构以使它保留或长或短的时间。人体组织是自然的作品，而国家组织则是人工的作品。人不能延长他自身的生命，但他可

① “在懂得自由的国家里，永远当权的人就会被人称为并视为暴君。”[《米提阿底斯传》(Life of Mitiades)，尼波斯著]诚然，亚里士多德[《伦理学》(Ethics)，第8卷第10章]区分了暴君与国王，前者是为了自己的利益而统治，后者则只是为了臣民的利益而统治。但希腊所有作家所用的“暴君”却是另一个含义，尤其像色诺芬（Xenophon）所写的《希罗》(Hiero)那样。从亚里士多德的这一区分还可以推论：有世界以来，还不曾有过一位国王。

以通过给国家以最好的组织使其尽量久的存在下去。最佳体制的国家最终还是要消亡，如果没有意外事件促使其早夭的话，它的存续要长于其他国家。

政治生命的原则在于主权权威。立法权是国家的心脏，行政权是驱动一切部门的大脑。大脑瘫痪的人还可以继续存活，虽然痴呆了，但还是活的。然而，一旦心脏停止了它的机能，任何动物就会死掉。

国家的生存绝不是依靠法律，而是依靠立法权。过去的法律不能约束现在的行为，但我们可以把沉默当做是默认，如果主权者在本来可以废除法律时并未加以废除，那么就可以看做是主权者对法律的继续肯定。主权者的一切意图一经宣布，就永远是他的意图，除非他取消了宣布的内容。

那为何人们还是那样尊重古老的法律呢？这正是因为它是老法律，人们可以认为法律的悠久正好证明了它的优越性，主权者始终不断地认为它是非常有益的，不然早就把它废除了。因此，在制度良好的国家里，法律不会被削弱，反而会不断地得到加强，旧的援例使这些法律日益受人尊重。反之，凡是法律越久、力量越弱的地方，那就证明这里不再有立法权，而国家也就消亡了。

第十二章　如何维护主权权威

主权者除了立法权力外没有任何其他的力量，它只能通过法律而行动，既然法律只不过是普遍意志的真正表达，主权者也只有在人民集合起来的时候才能行动。有人会说，“把人民集合起来，这仅仅是幻想！”今天它是一种幻想，而在两千年前这却是一种现实。难道是人性改变了吗？

道德方面的可能性的极限并不像我们所想象的那么狭隘。是我们的软弱，我们的罪过，以及我们的偏见局限了它们。卑鄙的灵魂不相信伟大的人物，低贱的奴隶会嘲笑“自由”这个字眼。

让我们观古察今，我不谈古希腊的共和国，在我看来罗马共和国是个伟大的国家，罗马城是个伟大的城市。最后一次户口普查显示，罗马的武装公民达四十万，根据整个帝国的最后一次人口普查，当时的公民在四百万以上，这还不包括属民、外邦人、妇女、儿童和奴隶。

我们不难想象，罗马城以及其周边数量庞大的人民要时常聚会，该有多困难。罗马很少有一连数周不聚会的，有时甚至一周要集会数次。罗马人民不仅行使主权权利，还会行使一些政府的权利。他们要处理一些事务，审理一些案件。在这些公众集会中，全体人民往往既是行政官又是公民。

如果追溯各民族早期的历史，我们看到大部分的古代政府，哪怕是君主政府，像马其顿人和法兰克人那样的君主制政府，都有着类似的委员会。无论如何，这一无可辩驳的事实本身就回答了一切难题。根据现有的情况来推断可能的情况，这个逻辑很好。

第十三章　如何维护主权权威（续）

人民聚集起来审查一套法律，一旦通过便确定了国家的体制，但这还不够。建立起永久的政府或对行政官选举制定特定的监督也是不够的。除了那些因意外情况需要举行的特殊集会外，还一定要有固定的集会，这些集会不能取消或推迟，必须在规定的日期里进行，人民便能合法地聚集在一起召开会议，而不需要其他的召集办法。

除了这些依期举行的法定集会外，任何其他的人民集会，如果没有经由负有召集权的行政官依照法定形式召集，都应该被认为是非法的，而其做出的所有决议都应是无效的，因为召集会议的命令本身就应该依照法律进行。

至于合法集会的次数，这里面的因素太多，无法做出确切的规定。一般说来，政府越强大，主权者就越应该经常地表现自己。

有人会说，这对单一的城邦国家很好，但如果国家里有很多城市，又应如何处理呢？是把主权权威分散，还是把它集中于某个城市，让其他城市隶属于它呢？

我的回答是两者都不行。首先，主权权威只有一个，一旦被分割也就消亡了。其次，一个城市就如同一个国家，每个都不应屈从于另一个，因为政治体的本质是服从和自由的统一，“臣民”

和“主权者”这两个名词是同一意义的相关语，两者的含义统一于“公民”这一名词上。

我还要回答说，把很多城市结合成一个唯一的城邦国家总是不好，而且想要进行这种结合时，肯定无法避免天然的不便。绝不能以大国的滥用权力为借口来反对主张只要小国的人。但是，小国如何才能拥有足够的力量来抗拒大国呢？如古希腊城邦抵抗波斯大王[①]，或更近的荷兰和瑞士抵抗奥地利王朝那样。

如果国家不能缩小到一定疆域内的话，那么还有一种办法，就是不设首都，把政府轮流设在各个城市，并在各个城市召集会议。

让人口平均分布在国土上，让同样的权利延伸到每个地方，让富足和生命无处不在，唯有这样的国家才有最大可能的力量和最好的治理。请记住，城墙也不过是用乡村房屋的断壁残垣构成的。每当我看到都城建起了宫殿，我就仿佛看见了整个国家沦为了一片废墟。

第十四章　如何维护主权权威（续）

当人民合法地集会，结成了主权者共同体，政府的一切权限就要终止，行政权也得暂时中断，于是最渺小的公民也和最高行

① 这里指波希战争时的波斯王大流士一世（Darius Ier，前521年～前485年在位）和薛西斯（Xerxès，前485年～前465年在位）。

政官一样神圣而不可侵犯了，因为被代表者面前是不需要什么代表的。发生在罗马人民集会上的骚动大部分都是由于对这一规则的无知或忽视。执政官仅仅是人民的主席，保民官只是议长[①]，而元老则什么也不是。

在中断期，君主要承认或应该承认更高的权威，这是他所害怕的事情。这种人民集会作为政治共同体的保护和对政府的一种约束，总是让一切时代里的君主们感到恐惧，于是他们总是竭力地反对或刁难，或做出种种承诺以抗拒公民的聚会。当公民变得贪婪、懦弱、畏缩，或贪图安逸而非自由时，他们不会长期抵制政府的一再努力。于是，当对立的力量不断增加，主权权威将最后消失，大部分的城邦也就会过早地覆灭。

但在主权权威和专断的政府之间，有时会有一股中间力量，这就是我们下面必须谈到的。

第十五章　议员或代表

当公共服务不再是公民的主要事务，并且公民宁肯掏腰包，也不愿本人自己动手的时候，国家就离坍塌不远了。如果需要出征作战，他们就出钱雇兵，而自己安坐家中；如果需要参加议会，他们就推举代表，自己也不用出门。懒惰与金钱终究给他们自己

① 其意义差不多等同于英国国会中所使用的“议长”一词。即使在暂停一切权限的情况下，相似的职能也还是会让执政官与保民官之间出现冲突。

弄了一批奴役自己祖国的军人和出卖祖国的代表。

喧嚣的商业与艺术，以及唯利是图、软弱、贪图安逸的品性，使人身的服务转化为金钱。人们拿出一部分收入以便更安逸地增加自己的收益。出钱，不久你会换来锁链。“财政”一词意味着奴隶，城邦中是没有这个词的。在真正自由的国家里，公民靠自己的双手去做所有的事情，而非金钱。他们绝不会花钱来逃避自己的义务，而是亲身履行自己的责任。我的想法与通常的观点有很大的不同，我觉得相比于被征税收，劳役则更不违反自由。

国家体制越是良好，在公民头脑中，公共事务就会越高于个人事务，个人事务甚至变得非常次要。而整个公共幸福会构成个人幸福中的较大部分，所以，也就不必用个人手段去谋求幸福了。在治理井然的城邦里，人们都踊跃参加公民大会；而在坏政府的治理下，就没人愿意朝那个方向迈出半步，因为没人对公民大会感兴趣，普遍意志在那里也不会成为主流，最后，他们完全投入了自己的家务。好法律使更好的法律得以形成，坏法律带来更坏的法律。只要有人谈及国家大事时说“这与我有何相干？”就可以料定这个国家就算完了。

爱国心消失，私利心活跃，国家庞大，武力征服，政府滥权，这些都能使我们想到国家议会中人民议员或代表是怎么产生的。有些国家竟把这说成“第三等级”的代表，于是把第一和第二优先给予了两个阶级的私利，把公共利益放在了第三位。

正如主权是不可转让的一样，主权也是不可被人代表的。它在本质上是由普遍意志构成的，而意志是不能被人代表的，它要么是同一个意志，要么是另一个意志，没有中间的可能。人民代表因此不是，也不可能是人民的代理人，他们只是人民的办事员，并不能做出任何决定。任何不经人民亲自批准的法律都是无效的，均不能成为法律。英国人自以为是自由的，那是完全错误的，因为他们只是在选举议会成员时才是自由的，而在选出议员之后，他们就成了奴隶，他们什么都不是了。在这短促的自由时间里，英国人的自由方式让他们失去了该当失去的自由。

代表是一个相当现代的概念，它起源于那种使人类屈辱、又让“人”这个名称蒙羞，邪恶荒唐的封建制度。在古代共和国中，甚至于古代君主制下，人民从来没有代表，他们也不知道这个词语。在罗马，保民官非常神圣，几乎没有人会想到他们可能会篡夺人民的职能，而在盛大的群众集会中，他们也从未试图把群众专政转化成自己的权威，这一点是独到之处。但是，根据革拉古[①]时代的情况，有一部分公民竟在屋顶上进行投票，就可以看出人数众多有时会造成很大的麻烦。

在权利与自由就是一切的地方，困难就不算什么。这些聪明的人民从不让任何事情超出它应有的范围，他们会派他们的役官去做保民官所不敢做的事，因为这样就不必担心役官会想着去代

① 格拉古（Gracchi）兄弟，提比略·格拉古（Tiberius Gracchus，前160年～前133年）与盖约·格拉古（Gaius Gracchus，前153年～前121年），两人都是罗马的保民官，著名的雄辩家。

表他们。

为了了解保民官是如何代表人民的，我们只需了解一下政府是如何代表主权者的就行了。法律既然只是普遍意志的表达，那么很明显，在立法权上人民是不能被代表的，可在行政权上，人民则是可以并且应该被代表的，因为行政权是把力量运用在法律上。由此可见，如果仔细考量，就会发现世上很少有几个民族拥有法律。尽管如此，我们还是可以肯定，保民官既然不具有任何的行政权力，因此永远不能以其职务上的权利来代表罗马人民，除非他篡夺了元老院的权利。

在希腊，一切必须由人民做的事，都由他们自己做，他们经常在广场上举行集会。希腊人生活在温润的气候中，他们没有天生的贪欲，奴隶们进行他们的劳动，他们的大事只是自己的自由。但如今不再具备同样的条件，同样的权利如何能够保持呢？你们那更严酷的气候使得你们有着更多的需求[①]，公共会场每年都有六个月不能使用，你们模糊不清的言语不可能在广场上被人们听清楚，你们关心自己的收入远远超过了自己的自由，而相比于害怕被人奴役，你们更害怕贫困。

什么？自由难道只有依靠奴役才能维持吗？也许是吧，物极必反。一切不属于自然的东西都有其不利，文明社会比其他一切更是如此。的确是有这种不幸的情况，在这种情况下，如果人

---

① 在寒冷的国家，效法东方人的奢侈与柔靡那等于是给自己戴上了枷锁。我们一定会比他们更加向这两者屈服。

们不以别人的自由为代价便不能保证自己的自由，而且若不是奴隶极端地做奴隶，公民便不能彻底自由，斯巴达人就是如此。你们这些现代人是根本没有奴隶的，但你们自己就是奴隶，以你们自己的自由换来他们的自由。你们曾经竭力吹嘘你们的这种偏好，但我在其中只看到更多的怯懦，而非人道。

我绝不是说蓄奴是必须的，或奴役权是合法的，因为我已经证明了恰好与此相反。在这里，我只是要说明为什么古代人不需要代表，而自认为更加自由的现代人却需要代表。无论如何，一旦一个民族为自己选出了代表，它就不再自由，也就不复存在了。

综上所述，在现今，除了特别小的城邦外，我看不出主权者如何还能继续行使他自己的权利。但如果一个城邦很小的话，它会不会被人征服？不会的，下面我就要论述一下如何把一个大民族的外部力量[①]与一个小国的简便制度和良好秩序结合起来。

第十六章　政府的创立不是一项契约

立法权一旦确立起来，就必须同样地确立行政权。因为行政权要通过个别行为加以运用，而不是立法权的本质，因此很自然地行政权与立法权是分离的。如果主权者能够拥有行政权力，权

---

① 我想在后续作品中讨论这一问题。在讨论对外关系时，我将探讨联邦制度。这一话题相当新颖，它的原则还有待确立。

力和事实就会互相混淆，也就无人能够区分什么是法律什么不是法律，于是这种变了质的政治体就会很快地成为暴力的战利品，虽然政治体原是为反对暴力而创立的。

依照社会契约，所有公民都是平等的，因此全体就可以规定什么是全体应该做的事，同时又没有人有权利要求别人去做他自己所不做的事。这是使政治体得以生存与活动所必不可少的权利，主权者在创立政府时所赋予君主的正是这种权利。

很多人认为，创设政府的行为是人民和他们所选择的首领之间的契约，规定了一方的责任是发号施令，而另一方的责任是遵照服从。我确信，人们将会承认这是一种奇怪的契约。就让我们来看一看这种观点是否站得住脚。

首先，最高权威是不可转让的，也是不可改变的，对它的限制也就是对它的毁灭。说主权者给自己加上一个在上者，这种说法矛盾而又荒谬。自己使自己负有服从一个主人的义务，那就是使自己又恢复了彻底的自由。

其次，很显然这种人与某些人之间的契约是个别的行为。由此可见，这种契约既不可能是法律，又不能是主权的行为，因此它就是非法的。

最后，还可以看出，缔约的双方只是处于唯一的自然法则之下，相互间没有任何承诺，这就在各个方面都与政治状态相违背。掌握权力的人既然一直都是执行契约的主人，这就无异是以契约这个名称加之于这样的一种行为，即一个人对另一个人说：“我把一切都给予你，条件是你想还给我多少就是多少”。

国家中只有一个契约，那就是结合的契约，它是完全排他的。我们无法想象任何另一个公共契约是不会破坏最初的契约的。

第十七章 政府的创立

那么，应该以什么方式来理解创制政府的行为呢？首先，我得指出，这一行为是复杂的，它由另外两者构成：法律的确立和法律的执行。

由于前一种行为，主权者规定应该有一个这样或那样形式的政府共同体。显然，这一行为即是一项法律。

由于后一种行为，人民便任命首领来负责建立起来的政府。这种任命是一种个别行为，因此它并不是第二项法律，而只是前一项法律的结果，是政府的一种行为。

困难就在于是如何理解在政府出现前人们就有了政府的行为，和作为主权者和臣民的人民如何能够在某些情况下成为君主和行政官。

也正是在此，我们才能够发现政治体的一个惊人的性质，政治体就是因为这一性质而调和了外在互相矛盾的活动。随着主权突然地转化为民主制，这一点也就完成了，因此并没有任何明显的变化，而仅是由于全体对全体的另一种新关系，公民才变成了行政官，于是也就由普遍的行为过渡到个别的行为，从法律过渡到执行上。

这种关系的变化并不是空洞的理论，而是有实践证实的。英国议会里，每天都发生着这样的事情，英国议会的下院有时会转变成议会委员会，这样就可以更好地讨论事务，于是它停止了其主权者场所的功能，而成为了一个委员会机构。因此，它随后便须向作为下院的自身，提出有关它在全院委员会上所做出的规划报告，而且在另一种名义之下，再来讨论它自己在前一种名义下所做的决定。

这是民主制政府特有的优势：它只需普遍意志的单一行为就可以确立。此后，这个临时政府或者是继续存在，前提是如果这就是它所选择的形式的话；或者以主权者的名义依法确立一个政府，一切都按规矩来。此外，就没有其他的合法方式去创制政府，而又不致放弃我们所确立的原则。

第十八章　防止政府篡权的办法

综上所述，就可以得出与第十六章一样的结论：创制政府的行为不是一项契约，而是法律的行为；行政权力的掌握者不是人民的主人，而仅是人民的官员；人民可以在任何适当的时候对其任命或撤换；他们只是被要求服从而不是达成契约；在他们担负起国家的责任时，他们不过是履行公民的义务而无权过问其中的条件。

因此，当人民创制一个世袭政府的时候，不管是家族世袭的君主制还是某一等级公民世袭的贵族制，人民所采取的行动都不是协定，它只是选择了行政的临时方式，直到它做出另外的选择为止。

的确，这样的变化总是很危险的。所以，已经确立的政府不应该被变动，除非这个政府已经不能与公共福利相容。但这种考虑只是政治的规则，而不是权利的规定，就像国家不会把军事权威交给某一将领一样，国家也无义务把公共权威放在任何特定官员的手中。

当然在此类情况下，人们不会有如此多的小心翼翼来遵守种种必要的形式，去区分正当合法的行为与煽动性的鼓吹，分辨全体人民的意志与部分人的叫嚣。在这里，对于可厌的情况[①]又不得不给予在最严格逻辑下人们所不能拒绝的东西。而且从这种义务中，君主得到极大的便利，可以抛开人民而保存自己的权力，还不用背负篡夺权力的指责。因为表面上看，君主好像只是在行使自己的权利，其实极易形成权力延展，并借维护安宁来制止那些意在重建良好秩序的集会；这样他就可以利用一种不能打破的沉默，或者是利用一种他所制造的非常态，来假定那些因害怕而默不作声的人都是拥护他的，并且惩罚那些敢开腔的人。罗马的十人会议就是如此：起初是一年一选，后来任期延长了一年，但最

① 当时已较少使用的法律名词，指人民要求行使权利时可能与公共利益发生冲突的情况。

终为了永远保持他们的权力，就再也不允许人民集会。世界上所有的政府，一旦掌握公权力量，迟早都会用这种简单的方法去篡夺主权权威。

我前面所谈到的定期集会是阻碍或推延这种灾难的最佳方式，特别是当此类集会不需要正式召集时，此时君主也不能加以阻止，否则就无异于公开宣布自己是违法者和国家公敌。

召集这些集会的唯一目的是为了维护社会契约，应该总是由两个提案开始。每个提案绝不能取消，都要分别表决。

第一个是："主权者希望维持现有政府形式吗？"

第二个是："人民希望那些在任的行政官继续行使行政权吗？"

我想我已经表达了我的想法，也就是，国家中任何根本法都是可以被废除的，社会公约也不例外，因为如果全体公民集合起来一致同意终止社会公约，毫无疑问，这个公约就合法地被终止了。格劳秀斯甚至认为任何人都可以放弃其国家成员的身份，可以离开这个国家重新获得自己天然的自由与财富[①]。如果集合在一起的全体公民不能做他们每个人所能做的事，那就真是太荒唐了。

---

① 当然，前提是他的离开不是为了逃避责任，也不是在祖国有需要时，不为国出力。如若那样的话，逃跑就是一种罪，应该受到惩罚，而已经不是退避而是背叛了。

第四卷

当社会纽带在所有人的心里都不复存在，最卑鄙的个人利益竟厚颜无耻地伪装成公共幸福时，普遍意志就沉默了，人人都受着自私动机的驱使，再也没有身为公民的意见，就像国家从未存在过一样，人们还冒法律之名通过种种不公正的法令，其目的仅仅是为了个人利益。

第一章　普遍意志是不可摧毁的

只要若干人集结为一个整体，他们就只能有一个意志，这个意志关系到共同的生存与公共的幸福。在这种情况下，国家的全部精力单一而又有活力，它的原则也是明确醒目的，这里面没有冲突错综的利益，只要有理智，在每一处都可以清楚地看到公共福利。和平、团结和平等是政治阴谋的天敌。正直质朴的人们也正因其质朴而难于被欺骗。他们不会相信诱惑和甜言蜜语，这得益于他们极度的质朴。当我们看到在世界上最幸福的人民中间有一群农民在橡树下明智地处理国家事务时，我们能不去鄙视那些以各种伎俩和神秘使得自己声名远扬但却悲惨不堪的国家的精明吗？

如此管理的国家不需要什么法律，而当必须要颁布新法律时，人人也都看到这个必要性。第一个提议那些法律的人说出了大家的感受，把人人都已经决意要做的事情变成法律，这既不是阴谋，也不算雄辩，只要他能确定其他人都会跟他一起行动起来就可以。

理论家往往被误导，问题就在于他们只看到那些刚开始体制就不好的国家，所以他们就认为在这些国家里维持这样一种政治制度是不可能的。他们喜欢想象巴黎人民或伦敦人民被鼓舌如簧的骗子或说客欺骗的各种无稽之说。他们不知道克伦威尔[①]会被伯尔尼[②]人关进钟楼，波佛公爵[③]也会被日内瓦人看管起来。

但是，当社会的纽带开始松弛，国家开始衰弱，个人利益开始能够被人感受到，而一些小社会开始影响整个社会的时候，公共利益也就开始发生变化并且出现对立面，投票也不再会被全体一致通过，普遍意志不再是全体公民的意志，冲突和辩论开始出现，就是最好的意见也会受到争议。

最后国家濒临灭亡，此时它的存在就是一种虚幻空洞的形式。当社会纽带在所有人的心里都不复存在，最卑鄙的个人利益竟厚颜无耻地伪装成公共幸福时，普遍意志就沉默了，人人都受着自私动机的驱使，再也没有身为公民的意见，就像国家从未存在过一样，人们还冒法律之名通过种种不公正的法令，其目的仅仅是为了个人利益。

会不会因为上面的缘故，普遍意志就会消亡或者腐化呢？不

① 克伦威尔（Cromwell，1599 年～1659 年），17 世纪英国革命的独裁者。

② 伯尔尼（Berne），现为瑞士首都。伯尔尼古城，公元 12 世纪建在阿尔河环绕的山丘上。“关进钟楼”为中世纪伯尔尼人对公共秩序破坏者的惩罚方式。

③ 波佛公爵（Beaufort，1616 年～1669 年），法国国王亨利四世的孙子，法国内战时期投石党的领袖。

会的，普遍意志永远是持续的、不变的、单纯的，不过它也可以屈从于强加在它身上的其他意志。一个让个人利益脱离公共利益的人都看得很清楚，他并不能把两者完全分开，但在和他所希望得到的排他的私利相比之下，则他所分担的那份公共的不幸对他来说就算不上什么了。除了这种私利外，他也会和别人一样，为了自己的利益强烈地要求公共福利。甚至是当他为了金钱出卖自己的选票时，普遍意志在他内心还是存在的，只是回避了普遍意志而已。他所犯的错误就是改变了问题的状态，没有正面回答人们所提的问题。投票时，他不是在说："这是有利于国家的。"倒是在说："通过这些意见，有利于某个人或某个党派的。"于是集会中的公共秩序的法则就不全然是要在集会中维持普遍意志了，反而更是要对普遍意志常常加以质疑，并由它来经常做出回答。

在主权的各种行为中，公民的投票权是无论如何都不能剥夺的。仅就这一权利，我在这里就可写出很多的意见。此外，还有发言权、提议权、分议权、讨论权等，政府总是努力地要把这些权利全部保留给它自己的成员，这些重要的话题可另成一本集子，这里无法一一细论。

第二章　投票

从上一章论述中可以看出，一般事务的处理方式可以清楚地体现出公众的道德风尚和政治体的健康状态。参加大会的人们越是并力齐心，也就是说，意见越是接近全体一致，普遍意志也就越是占据主导地位；反之，辩论冗长、意见分歧以及争吵不休也就宣告了个别利益占了上风，国家势必衰弱。

当国家的体制中包括有两个或更多的等级时，上述的这一点似乎就不太显著。以罗马共和国为例，在它最鼎盛的时期，人民大会也常常被贵族和平民间出现的争执中断，但这种例外多半只是外在的，而不是内在的。在此情形下，由于政治共同体内在的缺陷，可以说一国之内存在两个国家，上述论述对两者合一虽不正确，但对于它们每一个来说却是正确的。实际上，就算是在最动荡的时期，只要元老院不予干涉，人民的投票总能平静地进行，并且总是按多数票来表决的。公民们既然只有一种利益，人民也就只有一种意志。

循环的另一个极端，也会出现全体一致，那就是当公民全部陷入奴役状态，既没有自由也没有意志。此时，恐怖和奉承把投票表决变为一片吵闹，不再有什么深思熟虑，人们不是赞颂就是咒骂。在罗马帝国，这就是元老院表达自己的可耻方式，有时候它还伴随着荒诞的谨慎。塔西佗[①]曾说，在奥托[②]的统治下，元老们争相唾骂维提里乌斯[③]，形成了一片可怕的喧哗。这样一来，就算维

① 塔西佗（Tacitus，约55年～120年），古代罗马最伟大的历史学家。

② 奥托（Otho，32年～69年），罗马帝国皇帝，公元69年在位。

③ 维特里乌斯（Vitellius，15年～69年），罗马帝国皇帝，公元69年在位。维特里乌斯与奥托争夺皇位，奥托战败自杀，维特里乌斯即位不久也被人推翻。

提里乌斯将来有机会成为帝国主人的话，他也无法知道每个元老都说了什么。

一些准则就从这些不同的考虑里产生，我们应该按照这些准则，按识别普遍意志的难易程度以及国家的盛衰程度，来规定计票和比较观点的方式。

从本性上看，只有一种法律需要全体一致通过，这就是社会公约。既然政治结合是世上最自觉的行为，而每个人都生而自由并是自己的主人，任何人都不能以任何借口不经他的许可就役使他。如果断定说奴隶的儿子生来就是奴隶，也就等同于说他生来就不是人。

如果有人在订立社会公约时持反对态度，那他们的反对也不能使公约无效，公约内不包括这些人就可以了，他们是公民中的外邦人。但在国家成立后，居住就表示同意，而居住在领土之内也就是服从主权者[①]。

除了这一原始公约外，投票的大多数永远能约束少数人，这是来自契约本身的结果。有人会问，人如何能既是自由的，又同时被迫服从不属于自己的意志呢？为什么反对者既是自由的，而又要服从他们自己还没有同意的法律呢？

我的回答是这个问题的提法是错的。因为公民同意了一切法

---

① 当然，这应该理解为只适用于自由国家，因为在其他地方，家庭、财产、无处栖身、生活所需或暴力可能使人违背自己的意愿而滞留在一个国家里。这时，他的居住并不意味着他对契约的认可或破坏。

律，哪怕是那些违背他们意愿而通过的法律，哪怕是那些如若违犯任何一条就要对他加以惩罚的法律。国家全体成员的经常意志是普遍意志，通过这个普遍意志他们成了公民，并且是自由的[①]。当人们在大会上提议一项法律时，他们向人民所提问的，确切地说，并不是人民究竟是赞成还是反对，而在于它是不是符合普遍意志，这个普遍意志也就是他们自己的意志。每个人在投票时都说出自己对这个问题的看法，于是计票就宣告了普遍意志。所以，与我相反的意见若是占了主导地位，那就只能证明我错了，只能证明我原本假想的普遍意志并不是普遍意志。假如我的个别意见意外胜过了普遍意志，那么我就做了一件我原本不想要做的事，这时我就不是自由的了。

当然，普遍意志的一切特性仍然存在于多数人中。如果它不在多数人中，不论是什么样的决定，都没有自由可言。

我已在前面讨论了个别意志如何在公共讨论中取代普遍意志，也已充分指出了防止这种问题的切实可行的办法，后面我还要加以论述。至于宣告意志的比例数值，我也已给出了各项测定原则。一票之差可以破坏双方相等，一票反对也可以破坏全体一致，但还有更多的数字不等的分配是处于全体一致与双方相等之间的，对于其中的任何一种，我们都可以按照政治体的条件以及需要来

---

① 在热内亚监狱的前面和船奴的锁链上，都可以看到“自由”字样，这种做法很好、很公正。事实上，在各地，都只有歹人才会妨碍公民享受自由。如果能把所有这样的人都送去做船奴，那么这个国家就会享有最完美的自由。

确定比例。

决定此种比例有两条普遍原则：首先，讨论越重大，通过的意见就越是应该接近全体一致；其次，讨论越紧迫，则所规定的双方票额差数也就应越小，在刻不容缓的事务决定中，一票之差的多数就够了。第一条似乎更适合法律的制定，而第二条则更适合时务。但不管怎样，都必须依赖两者的结合才能确定我们可以宣布其为多数的最佳比例。

第三章 选举

君主与行政官的选举，我已说过这是相当复杂的行为，可以通过两种方式进行，即投票或抽签。在各个不同的共和国中，两种都曾被使用，而且在今天的威尼斯大公选举中，我们还能看到这两者非常复杂的糅合。

孟德斯鸠说："以抽签进行选举是民主制的本性。"我同意这个说法，但为什么如此呢？他还说："抽签是一种对任何人都公平的方式，它给予每个公民以为国服务的合理愿望。"这就不是原因了。

如果我们记住选举首领是政府的一种职能，而不是主权的一种职能，我们就会明白为什么抽签更符合民主制的本质，因为在民主制中，行政机构行为越少，行政机构就越好。

在一切真正的民主制中，行政职位并没有什么有利可图的好处，反而是一种沉重的负担。人们无法公平地把它强加给这个人，而不给另一个人，只有法律才能把行政职位强加给中签的人。在这种情形下，每个人的条件都是平等的，选择不取决于任何人的意志，所以绝不会有任何个别情况可以改变法律的普遍性。

在贵族制中，君主选择君主，政府自己来维持自己。在这种情况下，投票的方法就十分适合了。

威尼斯大公的选举验证了这一区别，而不是推翻了这一区别，这种混合的形式正适合混合的政府。不能错误地认为威尼斯政府是真正的贵族制，如果说那里的人民在政府里根本没有份的话，那么那里的贵族本身就是人民了。破落的巴拿波特[①]从来都不曾接近过任何行政职位，他们的贵族身份只拥有个空洞的“阁下”头衔和出席大议会的权利。那个大议会和我们日内瓦大议会一般庞大，其最显赫的成员并不比我们普通公民拥有更多特权。当然，抛开两个共和国的极端差异不说，日内瓦的中产阶级正好相当于威尼斯的贵族，我们的土著和居民就相当于威尼斯的公民和人民，我们的农民相当于威尼斯大陆的臣民。总之，无论我们如何考察那个共和国，除了它的地域广阔外，它的政府并不比我们的政府更具有贵族制特征。唯一的差别就是，我们没有终身首领，所以我们不需用抽签来选举。

---

① 巴拿波特（Barnabote），贫穷的贵族。威尼斯的贵族分为两等，即贵爵和巴拿波特。

在真正的民主制下，抽签选举没有多大问题，因为在这个制度里，不论是在道德和才能方面，还是在品行和财富方面，人人都是平等的，所以选择什么人似乎都不紧要。但我已说过，真正的民主制是根本就不存在的。

当选举与抽签结合进行时，在需要专门才干的位置，如军事职位，就应该通过选举选拔任用。而在需要理智、正义、正直的位置则通过抽签来决定，例如审判职位，因为在一个体制良好的国家里，这些品质是任何公民所共有的。

在君主制政府下，无论是抽签还是投票都没有任何位置。国君就是唯一的君主和行政官，对部属的选择权只属于他本人。当圣彼得修道院长①建议扩大法国国王的御前会议，并以投票的形式来选举成员时，他并没有意识到他是在建议改变政府形式。

我还应谈一下人民大会的投票与计票的方式，但也许罗马制度史在这方面能够更清楚地佐证我想确立的全部规则。一个谨慎的读者值得花一些时间细究一下在二十万人的委员会中公私事务是如何得到处理的。

第四章　罗马人民大会

我们缺乏有关罗马早期的可靠文字记载，现在所知道的罗马

---

① 圣彼得修道院长（Abbé de St. Pierre，1658年～1743年），法国著作家，在《论多元会议》中建议法国各行政部门采用委员会制。

的大部分情况很可能都是虚构的。一般来说，各民族历史中的最有教育意义的那部分，即他们的奠基史，往往是我们所知最少的。经验天天都在教育我们，各个帝国的革命是什么原因导致的。但现在已不再有新的民族形成，我们就只好凭猜测去解释他们是如何形成的。

从各种既有习俗中，我们可以发现他们都有一个起源。一切能上溯到那些起源的传统，一切能被最大权威以及最有力的推理证实的传统，都应该被视为是确定的。我就是按照这个原则去考察世界上最自由、最强大的民族如何行使他们的最高权力的。

罗马建立后，新生的共和国，也就是由阿尔班人[①]、萨宾人[②]和异邦人所构成的建国队伍，划分出了三个部族[③]。每个部族分十个库里亚[④]，每个库里亚再分出一些德库里亚[⑤]，各自的首领称为库里昂[⑥]和德库里昂[⑦]。

另外，从每个部族中挑出一百名骑兵或骑士组成一个单位，称为百人团。此种划分在城里没有必要进行，原先也仅是出于军事目的。然而，似乎是一种伟大的本能使得罗马这个小城为自己

---

① 阿尔班人（Alban），古代意大利地区居民，生活在阿尔比城（Alba）。

② 萨宾人（Sabine），古代意大利地区居民。

③ 部族（Tribe），指组成罗马人的三个部分。

④ 库里亚（Curiae），在罗马王政时期，每个部族分为十个库里亚。

⑤ 德库里亚（Decuriae），罗马军队的十人小队。

⑥ 库里昂（Curion），意为库里亚长。

⑦ 德库里昂（Decurion），意为罗马军队十人长。

选择了一种适合作为世界首都的政治体系。

这种最初的划分不久便出现了问题，那就是阿尔班人的部族和萨宾人的部族始终维持原状，而异邦人的部族却因异邦人的不断流入而不断壮大。所以异邦人部族不久便超过了阿尔班人部族和萨宾人部族。塞尔维乌斯针对这一危险的解决办法就是改变划分办法，他废除了种族的划分，按照每个部族在城中所占的区域重新进行划分。他将原来的三个部族分为四个，每个部族就依据他们所占领的山名命名。他一面补救当前的不平等，一面防止未来可能发生的不平等，并且为了使这种划分不仅是区域划分，而且还是人身划分，他就禁止居民从一个地区迁移到另一个地区，这就防止了各个部族间的互相混杂。

他又把原来的三个百人团扩充了一倍，还增设了十二个百人团，仍然沿用原来的叫法。这是简捷明智的办法，由此他就把骑士团体与人民团体分开了，人民团体也不会有意见。

除了这四个城市部族，塞尔维乌斯还设置了十五个乡村部族，就是把乡村划为十五个区，每个区的乡民就组成了各自的部族。后来他又增设了十五个新部族。因此罗马人最终便分成了三十五个部族，一直维持到共和国结束。

进行城市部族与乡村部族区分的效果非常值得注意，因为这是史无前例的，而罗马道德的存续及罗马帝国的扩张均有赖于此。我们会以为城市部族会很快就夺得权势与荣耀，并且会贬低乡村部族。可事实恰好相反，我们都知道早期罗马人对乡村生活的兴趣，他们的这种兴趣来自于他们明智的建国者，这些建国者把农事、军事与自由结合在一起，并且可以这样说，把艺术、工艺、阴谋、财富以及奴隶制全部带进了城市。

罗马所有的显贵都在农村生活并垦荒种地，所以人们也就习惯了在乡村寻找共和国的支柱。既然罗马最尊贵的贵族都是这种状态，所以这种状态也就受到所有人的尊崇。人们宁愿选择简朴勤劳的乡村生活，而不愿过游手好闲的市民日子，而且城里悲惨的无产者，一旦成为田间的劳动者，就会被人尊重。瓦戎[①]说过，我们那灵魂高贵的祖先选择乡村来抚育健壮的勇士，让他们在战争时保卫自己，在和平时供养自己，这话是道理的。普林尼[②]还肯定说，乡村部族受人尊崇的原因就是因为组成这些部族的人。如果人们要羞辱懒汉，就把他们迁到城市部族，这很不光彩。萨宾人阿皮乌斯·克劳底乌斯[③]回罗马定居时荣誉载道，他被编入了一个乡村部族，这个部族此后就以他的姓氏命名。最后，获得自由的奴隶全被编进了城市部族，而不是乡村部族。纵观整个共和国时期，没有哪一个获得自由的奴隶担任过行政公职，尽管他已经成为了公民。

这条准则本是极好的，但它被过分地推行，致使最终产生了

---

① 瓦戎（Varro，前116年～前27年），罗马历史学家。

② 普林尼（Pliny，公元61年～115年），罗马作家。

③ 阿皮乌斯·克劳底乌斯（Appius Claudius），据传为罗马十人会议的领袖，修订了十二铜表法。

一种变化，而且的确是政治制度上的一种问题。

首先，监察官长期掌控着公民转换部族的大权，允许大部分人自行选择自己愿意加入的部族。这种许可没有什么益处，而且还剥夺了监察权最大的一种能力。显贵们都把自己编入了乡村部族，而获得自由的奴隶们成为公民之后，和民众一起留在城市部族里。因此，一般来说，部族便不再是地方性或区域性的。大家都混杂在一起，除了利用登记簿，便无法分辨各个部族的成员，“部族”一词便由真实的转变为人身的，换句话说，它几乎失去了所有含义。

还有，城市部族既然地位更方便，因此在人民大会里常常也是最有势力的，并且还会把国家出卖给任何希望收买他们选票的人。

建国者既已制定每一部族有十个库里亚，因此，在城墙范围内的罗马人民就构成了二十个库里亚。每个库里亚自有其庙宇、神、官吏、祭司及其称为“大路节”[①]的节日，这一节日类似于后来乡村部族中的乡村节[②]。

塞尔维乌斯进行如此划分时，这三十个库里亚无法平均分配到四个部族里，他又不想去干涉它们，于是库里亚就成了罗马居民的另一种划分方式，独立于部族。但是，无论是在乡村部族中，还是在构成这些乡村部族的人民中，都绝不会发生库里亚的问题。

---

① 大路节（Compitalia），古罗马纪念守护神的节日，在大路上举行。

② 乡村节（Paganalia），古罗马纪念农神和地神的节日。

因为这些部族已完全变成了民事组织，军队的招募已经实行新的制度，于是罗穆卢斯[①]的军事划分就变得多余。这样一来，虽然公民都编进了部族，但多数都不在库里亚之内。

塞尔维乌斯还做了与前两种完全不同的第三种划分，从效果上看，这种划分是最重要的。他把整个罗马人民分为六级，这六级划分既不按地区也不按人身，而是按财富。于是前面各级是富人，后面一级是穷人，而中间级则是拥有中等财富的人。这六个等级又细分为一百九十三个团体，称为百人团。这样一来，仅第一级的团数就超过百人团总数的一半，最后一级只有一个团。所以，人数最少的一级的团数最多，而整个最后一级，虽然包括了半数以上的罗马居民，却只能算作一个次级的划分单位。

为了不让人民识透这种划分，塞尔维乌斯就营造一种军事基调：他在第二级中插入了两个甲胄士百人团，在第四级中插入了两个军械士百人团。除了最后一级外，在每级中他都进行老少区分，即将有服兵役义务的与因超龄依法免役的区分开来。相比按财富区分的方式，这种区分更需要进行经常性的人口统计。最后他还下令在玛尔斯教场[②]上召开会议，要求所有达到服役年龄的人都携带武器参加。

---

① 罗穆卢斯（Romulus，约前 771 年～约前 717 年），按罗马历史记载，罗穆卢斯为罗马王政时期的首位国王，据传他于公元前 753 年建罗马城。

② 玛尔斯教场（the Campus Martius），在罗马城外，百人团大会就在这里召开。

而对于最后一级，塞尔维乌斯不进行老少区分，因为构成最后一级的平民没有保卫国家的权利，一个人必须先有家，其后才有保卫家园的权利。如今，那些无家的兵士给各国王军队倒是添了不少荣光，但要是放在罗马时期，恐怕都会被罗马人鄙夷地从他们的军队里赶出去，那个时候的兵士都是自由的保卫者。

然而，在最后一级中，还可以区分无产者和那些所谓的“按人头计数”的人。前者还不至于一无所有，至少还能为国家提供公民，有时在紧急关头，甚至还能提供兵士。而那些如果不按人头就无法计算的人，他们就毫无地位了，直到马略[①]时期，他们才第一次被允许可以参加应征。

且不说这第三种划分本身的好坏，但我可以断言，如不是早期罗马人的淳朴风尚，他们的公正无私，他们对农业的喜好，以及他们对商业与牟利的鄙视，这种办法就不会行得通。现代又有哪个民族能在贪婪、动荡、阴谋、浮沉、运气流转中，将这种制度延续二十年，保证整个国家不会颠覆呢？我们还须看到：在罗马，道德与审查制度比这种制度更强大，同时也纠正了这一制度的弊病；如果富人过分炫耀自己的富有，就会被降到穷人的等级里去。

从这一切，就容易理解为什么实际上有六个等级，人们却总是只提到五个等级。第六级既不向军队提供兵士，也不在玛尔斯

① 马略（G. Marius，前 157 年～前 86 年），罗马将军、政治家，曾七次担任罗马执政官。

教场上投票[①]，在共和国里几乎没有任何用处，因此也就不被人当回事了。

这就是罗马人民的不同划分。现在我们来考察一下它们在大会中所起的作用。这些合法召集的大会叫做人民大会，常常在罗马公共广场上或在玛尔斯教场上召开。依据大会召集的形式，分为库里亚大会、百人团大会和部族大会三种。库里亚大会是由罗穆卢斯创立的，百人团大会是由塞尔维乌斯创立的，部族大会则是由人民的保民官创立的。不经过人民大会，法律都不具有效力，行政官也选不出来，而且既然公民都被编入了库里亚、百人团或部族，所以每个公民都享有投票权，因此罗马人民在法律与事实上都真正是主权者。

要使大会得以合法地召开，使它的行为具有法律的力量，需要具备三个必要条件：第一，召集大会的团体或行政官必须具有召集大会所必需的权威；第二，大会必须在一个法定的日期里举行；第三，占卜必须是吉兆。

第一条的原因不需解释。第二条是一项政策措施，因此在节日和集市日就不举行人民大会，因为这一天乡民都进罗马城去办自己的事，没有时间到公共广场参加大会。而有了第三条，元老院便可以约束高傲狂热的人民，也可以及时抑制狂热的保民官，

① 我说“在玛尔斯教场上”，是因为百人团大会是在这里召开的。其他两种形式中，人民在集市上或是在别的地方开会，这时“按人头计数”（the capite censi）的人就具有和最高级公民一样的影响和权威了。

但保民官也想出了各种对策。

法律与首领的选举并不是人民大会议决的唯一内容，罗马人民还行使了政府最重要的职能，可以说，欧洲的命运就由他们的大会决定。开会的目的多种多样，这些大会依据要表决的内容采取不同的开会方式。

要评判这些不同形式，只需加以比较就足够了。创设库里亚时，罗穆卢斯是想以人民制约元老院，又以元老院反制人民，而他本人可以支配双方。于是他通过大会的方式赋予人民以整体权威，用以平衡贵族们在权势上以及财富上的权威。但是，依照君主制的精神，罗穆卢斯仍然是留给了贵族们更多的优势，因为贵族的受保护者可以影响到投票多数。这项保护者与受保护者的制度值得赞扬，真是一项政治与人道的杰作。如果没有这项制度，与共和国精神背离的贵族制就无法存续。只有罗马很荣幸为世界树立了一个伟大的榜样，这项制度没有弊病，但后世却也无人效仿。

这种库里亚的形式从王政时期一直维持到塞尔维乌斯时期，而塔尔干王朝末期的统治又被认为是不合法的，于是王政时期的法律一般都称为“库里亚法”。

在共和国时期，库里亚通常只限于四个城市部族，而且只包括罗马城的民众，所以这些库里亚既不适合领衔贵族的元老院，也不适合领衔富民的保民官，虽然他们也出自平民。因此它们便丧失了信用，最后，三十名役吏往往要召集起来处理那些本应该在库利亚大会上处理的事务。

百人团的划分对贵族制非常有利，起初很难看出这一点：人民大会既然是以百人团为名，而执政官、监察官和其他的象牙行政官[①]又全是由它选出的，那为什么元老院在大会中却始终不能占优势呢？事实上，在一百九十三个百人团中，第一级就有九十八个。既然是按百人团来计票，所以仅第一级就超过了所有其他各级票数的总和。当第一级中的百人团的意见达成一致时，就不再计算票数了，这样人数最少的群体所决定的事就被通过了，成了多数人的决议。因此，百人团大会中决定的事务与其说是由票数决定的，还不如说是由金钱决定的。

但这一极端权威可以用两种办法进行调整。首先，保民官多是来自富裕等级，而许多平民也属于这些等级，他们的影响制衡着第一等级的贵族。

第二种办法是这样的：百人团开始投票的顺序不由等级决定，否则第一等级就会永远在其他等级前投票，改用抽签的办法抽出一个百人团，让这个百人团单独进行选举，然后按等级召集全部的百人团在另一天进行同一选举，再进行两种结果对比确认。这样，依照民主制的原则，示范的权威由级别变成了抽签。

这种办法还有一个优势，那就是乡村的公民在两个选举间，有时间了解临时被提名为候选人的优点，这样就不再会盲目投票。可是在省时的借口下，这种办法最终被废止了，于是两个选举就

① 指古罗马有资格坐象牙椅的官吏。

在同一天进行。

部族大会才是罗马人民真正的议会，部族大会只能由保民官召集。在会上，保民官被选出并通过群众的决议。元老院在这里不仅没有地位，就连出席的权利都没有。元老们也只得服从他们自己不能表决的那些法律。在这方面看，他们的自由甚至比最卑贱的公民的还少。可这种不公却被人曲解了，而仅此一点就足以使一个不曾接纳其全体成员的团体的法令全部失效。如果所有的贵族都凭他们作为公民的权利参加这些大会，此时他们仅是普通的个人，所以就很难影响到这种按人计票的表决，因为表决是以个人为单位，元老们的人头数和最低下的无产者是一样的。

由此可见，除了由庞大的人民群体分配办法以及投票办法所产生的秩序外，这些办法本身也并不是无关紧要的形式。其中的任何办法都与人们之所以要选择它的目的相关。

这里不再细说，我们可以根据前面的阐述得出如下结论：部族大会对人民的政府最有利；百人团大会对贵族制最有利；而以罗马民众为主体的库里亚大会，就只能对暴君制与险恶用心有利，因此库里亚大会饱受诟病，就连那些试图煽动叛乱的人也不用它，因为这种会过分暴露自己的阴谋。可以肯定地说，罗马人民的全部尊严只有在百人团大会才能得到充分地体现，因为百人团大会才是全体的，而库里亚大会排除了乡村部族，部族大会则排除了元老院和贵族。

在早期罗马人中，计算票数就像他们的道德一样简单，斯巴达人的方式更简单。每个人都高声喊出自己的选票，记录员依次将它们记下来，每个部族中的多数票便是这个部族表决的结果。同理各部族间的多数票就决定了人民表决的结果，库里亚和百人团也是如此。只要诚实这种品质在公民中占主导地位，人人都耻于公开地投票支持一种不公的意见或一个不合格的公民时，这种办法就是好的。可是当人民腐化而进行贿选时，那就只能采用秘密的投票形式了，为的是能够用不信任来制止贿选者，并且也可以给那些流氓无赖提供一条不至于当卖国贼的出路。

我知道西赛罗[①]肯定会批评这种改变，而且他把罗马共和国灭亡的部分原因归结于此。我虽然知道西赛罗的权威分量，却不能同意他的观点。相反，我认为正是由于这种改变太少了，才导致了国家的灭亡。正如健康人的饮食不适合病人一样，我们决不能要求把适用于善良人民的法律拿来治理腐化的人民。威尼斯共和国悠久的存续就是这条准则的最好明证，它的影子至今还在，就是因为威尼斯的法律仅适用于邪恶的人。

所以，每个公民都领到一块儿纸板，在投的时候别人不会知道他的意见。同时还制定了新的办法进行收票、计票、比较数字等。但就算这样，负责这项工作的官员的忠诚也还是免不了被怀疑[②]。最后，为了防止投票中使用阴谋和非法手段，还制定了各种禁

---

① 西赛罗（Cicero，前 106 年～前 43 年），罗马共和国时期著名政治家，三权分立学说的古代先驱。

② 监督（custodes）、分配（distributores）、查询（rogatores suffragiorum）。

令，而数量繁多的禁令却正好说明了它们的无效。

罗马共和国的末期就经常不得不依靠各种非常之计来弥补法律的不足。有时，他们就托口神迹，然而这种办法能欺瞒人民，却不能欺瞒统治人民的人；有时在候选人还没来得及进行阴谋前，就忽然召集一次大会；有时因为看出人民已经倒向了错误的一方，所以整个会议就变成了座谈。但野心还是战胜了试图制约它的一切。可是，最难以置信的是：在这样的滥权中，多亏了那些古老的规制，广大人民得以继续选举行政官，审批法律，审理案件，以及处理各种公私事务，而且几乎和元老院自己处理时一样容易。

第五章　保民官制

当国家各组成部分之间不能形成一个确定的比例时，或者当一些不可去除的因素不断地改变它们的比例时，便出现了一种特殊的行政机构。这一机构独立于其他部分，但它能使各项恢复正常的比例。它或是在君主与人民之间，或是在君主与主权者之间，或者有必要的话，同时在这两种关系间，形成一种联系或者说是比例中项。

这个团体，我称之为保民官制，它是法律和立法权的保卫者。有时它可能反对政府来维护主权者，就像罗马的人民保民官那样；有时它可能支持政府来对抗人民，就像现在的威尼斯十人会议那样；有时它可能维持双方的平衡，就像斯巴达的监察委员那样。

保民官制不是城邦的组成部分，不应具有任何立法权和行政权。可也正因为这一点，保民官的权限才更大。因为它虽不能做任何事情，却可以阻止任何事情。作为法律的保卫者，它要比执行法律的君主和制定法律的主权者更神圣，更受尊重。罗马那些高傲的贵族们总是鄙视所有的人民，当他们不得不在既无占卜权又无司法权的人民官吏的面前低下头时，我们就能清楚地看出保民官制更神圣，更受尊重。

保民官制假如施行得当，可以成为良好体制最强大的支持。但如果它稍微越权，就会扰乱国家。软弱也不是保民官制的属性，只要被赋予了权力，那就绝不少于它所必需的权力。

当保民官篡夺了原本只起约束作用的行政权，执行他只能是加以保护的法律时，保民官制就会蜕化成暴君制。当斯巴达还能保持它的道德时，监察委员的庞大权力还不成问题，可一旦道德出现腐化，那就加速了它的腐化。这些暴君杀害阿基斯[①]的血债，最终由他的继承人向他们讨还。监察委员所犯的罪行和所受的惩罚，同样加速了共和国的灭亡。所以在克里奥米尼兹[②]之后，斯巴达就乏善可陈了。罗马也是经历了同样的灭亡道路，保民官逐渐篡夺了过大的权力，最后在为自由而制定的法律协助下，最终竟

---

① 阿基斯（Agis），这里指斯巴达王阿基斯四世，前245年～前241年在位。他因实行改革被监察委员会处死。

② 克里奥米尼兹（Cleomenes），这里指斯巴达王克里奥米尼兹三世，前236年～前222年在位。他捕杀了监察委员，恢复了古代制度。

成了那些摧毁自由的皇帝的保障。威尼斯的十人会议更是一种血腥的法庭，它对于贵族与对于人民是一样地恐怖。而当它堕落后，它不再是高尚地保护法律，而只是暗中进行骇人的打击活动。

如同政府一样，护民官制随人数增加而削弱。罗马人民的保民官，起先只有两人，后来增加到五人，他们还希望将这个数目再增加一倍，而元老院也就让他们这样做。元老院预料他们会彼此限制，后来的情况果不出所料。

要防止如此强大的团体篡夺大权，最好的方法就是不让这种团体成为永久性的，规定它必须有间歇期。这些间歇期也不应太长，以免滋长滥权，而这种方法至今还不曾被任何一个政府注意过。这些间歇可以由法律来确定，必要时可以通过非常委员非常容易地缩短间歇期。

在我看来，这种方法并没有什么不便。正如我所说，保民官制不是体制的一部分，所以去掉之后不会对体制产生损害。而且，这种方法还是很有效的，因为一个恢复起来的行政官并不是从他的前任所具有的权力出发，而是从法律所赋予他的权力出发。

第六章 独裁官制

法律缺乏弹性，不能因事制宜，在某些情形下这会很危险，甚至在危机时，还会招致国家灭亡。法律程序以及各种缓慢的形式，都会耗掉一大段时间，有时这是局势所不容许的，很可能会出现立法者不曾料到的种种情况。因此，如果能意识到不是一切都可以预知的，这本身就是预知感中非常必要的一部分。

因此，如果政治制度过于强大，一味地推行法律的话，这也是错误的。就连斯巴达也曾让它的法律暂停过。

只有遇到了最大的困难时，才值得冒险去改变公共秩序，而且法律的神圣权力决不应中止，除非是到了国家存亡的关键时候。在这种罕见而又明显的情形下，人们便以某种方式订立条款，将维护公共安全的责任托付给一个最值得信任的人。根据危险的性质，这种委托可以两种方式进行。

如果扩大政府活动是一个应对危险的好办法的话，那么就可以把权利集中在政府的一或两个成员的手上。在此，改变的不是法律权威，而只是行使法律的形式。如果出现了另一种危险，那就是法律的尊严成为维护法律的一种障碍，这时就应该指定最高首领，他可以使所有法律都沉默下来，并且暂时中止主权权威。在此情形中，普遍意志是无可怀疑的。并且很明显，人民的首要目的是让国家存续下去。这种方式会中止立法权威，但绝不是废除它。行政官可以让立法权威沉默，但不能使之开腔；他可以支配它，但不能代表它；他可以做一切事情，但不能立法。

第一种方法为罗马元老院采用，以一种庄严的仪式授权给执政官以保障共和国的安全；第二种方法是让两个执政官中的一个任命独裁官[1]，阿尔比[2]就是这种方式，罗马效法而来。

在罗马共和国早期，他们常常依靠独裁制，因为此时国家基础还不稳固，仅凭法度的力量不足以维护自身。这时候，罗马的道德使得在别的时代里曾经很必要的防范措施都变得多余，人们既不用担心独裁官会滥用权威，也不用担心他有在任满后仍然继续保持他的权威的企图。相反，这种巨大的权力对那些执掌这种权利的人来说好像是一个负担。因此，独裁官总是急于放弃这种权力，就好像取代法律是一种非常麻烦、非常危险的职位。

所以，这时的危险就不是权力的滥用，而是权力的贬低，我要批评的就是罗马早期在使用这种至高无上的行政官制度时缺乏审慎。独裁制被滥用于选举、奉祀以及各种形式性事务，在真有需要时它却不够强大；独裁官头衔只用于空洞仪式上，往往会被人们看作为空头衔。这些都是危险。

到了共和国的末期，罗马人变得更慎重了，但是他们又缺乏理智地慎用独裁制，正如他们以前滥用独裁制那样。很容易看出，他们的害怕是毫无根据的。当时罗马首都的力量薄弱，在城内的那些行政官面前反而成了安全的保障。在某种情况下，独裁官可以保卫公共自由，不可能戕害公共自由。罗马的枷锁并不是在罗马内铸成的，而是在它的军队里铸成的。马略对苏

---

① 提名在夜间秘密进行，好像把一个人置于法律之上是件非常可耻的事。

② 阿尔比（Alba），古罗马的城市。

拉[①]以及庞培[②]对恺撒[③]的微弱抵抗，就清楚地显示了以内部的权威去抵抗外来的武力会是什么结果。

这种错误的认识让罗马人犯了重大的错误，例如，卡提里那[④]谋反事件就是因为没有独裁者。因为这一事件牵涉的范围只有罗马，最多也只是意大利某些区域，所以独裁官行使法律所赋予他的无限权威，就可以轻易平定叛乱。而实际上，那次阴谋只是由于种种机缘巧合才被扑灭，而这种机缘却是人类审慎所期待不到的。

然而与之相反的是，元老院满足于把它的全部权力都交给执政官。结果，西塞罗不得不在一个根本要点上逾越了这种权限，目的是为了进行有效的行动。如果说起初的高兴让人们赞同了他的行为的话，那么后来人们要他为公民违反法律的流血事件负责，也应该是公正的。而对于独裁官，就不能加以谴责了。可是，这位执政官的雄辩战胜了一切。尽管他是罗马人，可他热爱自己的荣耀胜过热爱自己的祖国。他更关心所能得到的全部荣耀，而不

---

① 苏拉（Sulla，约前 138 年～前 78 年），古罗马共和国时期统帅、政治家、独裁者。

② 庞培（Pompey，前 106 年～前 48 年），古代罗马共和国末期著名的军事家、政治家。

③ 恺撒（Caesar，前 100 年～前 44 年），即恺撒大帝，古代罗马共和国末期杰出的军事统帅、政治家。公元前 49 年，他率军占领罗马，打败庞培，集大权于一身，实行独裁统治。

④ 卡提里那（Catilina，前 108 年～前 62 年），罗马贵族，原为苏拉部属，公元前 63 年败选执政官后发动政变，被镇压。

是寻求最安全合法的办法去拯救国家[①]。所以他就被当作罗马的解放者受到尊敬，又被当作法律的破坏者受到惩罚，这对他来说都是公正的。不管撤销对他的判决有多么明智，可那终究只能是一种赦免。

不管这种重要的委任是以何种方式授予的，最重要的是必须把它限制在很短的时期内，绝不能延长。在危机关头实行独裁制，国家要么很快覆灭，要么很快被拯救回来。危机过后，独裁制如果不倒向暴君制的话，就会形同虚设。在罗马，独裁者的任期只有六个月，他们大多都是在期满之前就退任了。如果任期规定得再长一点，他们可能还想再延长，就像十人会议对于任期一年所做过的那样。独裁官的时间只能用来应对那种促成他担任独裁官的危机，没有时间考虑更多别的。

第七章 监察官制

正如法律是普遍意志的宣告一样，监察官制是公共判断的宣告。公共意见是一种法律形式，监察官就是这种法律的执行者。像君主一样，监察官制只适用于一些个别情形。

监察官的法庭远不是人民意见的仲裁者，它只是宣布人民意见。一旦脱离了人民意见，它的决定就是空洞无效的。

---

① 如果他提名独裁官，他自己也无从确定。因为他既不敢提名自己做独裁官，也不能确定同僚是否会提名他。

区分民族道德和尊敬的对象是徒劳的，因为这两者都基于同一原则，必定是无法区分的。在世界的所有民族中，决定他们对快乐的选择不是天性，而是意见。只要纠正人们的意见，他们的道德就会自然净化。人们总是爱好美好的一切，或者说他们认为是美好的一切。而恰恰在这种判断中，人们会出现错误。因此就必须对这种判断做出规范。评判道德的人就是在评判荣誉，而评判荣誉的人会从公共意见里找到它的准则。

民族的意见诞生于它的体制。尽管法律并不能规范道德，但立法产生了道德。当立法艰难时，道德也在退化。而这时，监察官的判断也不能做出法律力量所未曾做出的事情。

由此可见，监察官制也许对维持道德是有用的，但是对重建道德却不起作用。在法律效力强大的时候，设置监察官；一旦法律丧失了效力，就没有希望了。如果法律不再具有效力，一切合法的权力都会丧失力量。

监察官制可以防止公共意见腐化，以明智的措施来保持它的正确性，有时甚至在尚不清楚的时候就把它们确定下来了，通过这些来维系道德。在决斗中用帮手的做法曾经在法兰西王国极受推崇，不过国王寥寥数字的诏令就把它给废除了："至于那些怯懦得要找帮手的人。"这一判断料到了民众的判断，立刻就决定下来了。但如果国王下诏宣布"决斗也是一种怯懦行为"，本来的确如此，但公众意见却不是如此，公众便会嘲笑这一决定，因为他们已经对此事务形成了自己的评判。

我在别处已说过[①]，公共意见决不会屈从于任何限制，于是在为代表公共意见而设置的法庭里，不应有任何限制的痕迹。对于罗马人是以怎样的艺术运用这种我们近代人已经完全丧失了的能力，我们怎么赞扬都不过分，而且拉西第蒙人[②]更高明。

有个失德的人，曾经在斯巴达的议会里提出了一条好建议，监察委员们对之不予理睬；而让另一个有德行的公民来提出相同的建议。对后者是何等的荣誉，对前者是何等的侮辱啊！都无须对任何一方进行赞扬或责备。有几个萨摩斯岛[③]的醉汉弄脏了监察委员的席位[④]，第二天就有诏令允许萨摩斯人下流。这种惩罚，要比真正的惩罚更为严厉。当斯巴达宣布什么正当，什么不正当的时候，希腊人就不会再反驳它的评判了。

第八章　公民宗教

起初，人类没有国王而只有神，没有政府而只有神权政体。他们的思维和卡里古拉一致，在当时也是对的。经过了长时期情感的变化之后，人类才最终决定让自己的同类作为自己的主人，

---

① 我在本章中只不过是提出我在《致达朗贝先生书》(Letter to M. d’Alembert)中已详解过的内容。

② 拉西第蒙人(Lacedamonian)，即斯巴达人。斯巴达位于希腊半岛南部的拉西第蒙。

③ 萨摩斯岛(Samos)，希腊岛屿，位于爱琴海东部。

④ 他们来自另一个岛屿，我们的语言很敏感，我无法写出它的名字。

希望这样做会有好处。

每个政治社会都奉有一尊神，那么可以说，有多少民族就有多少神。两个互异且几乎总是敌对的民族不可能长期贡奉着同一个主人的，两支交战的军队也不会遵从同一个首领的。因此，民族的区别造就了多神制，进而产生了神学的与公民的不宽容。这两种不宽容在本性上并无二致，在后面我们将会看到。

希腊人曾有一种幻想，要在野蛮民族中去寻找他们自己的神。这种幻想源发于他们的另一种观念，即把自己看作是这些野蛮民族的天然主人。但是在今天，如果还把各个不同民族的神搞混，把摩洛克[①]、萨图恩、柯罗诺斯[②]当作是同一个神，把腓尼基[③]的巴尔[④]、希腊的宙斯[⑤]、拉丁的朱庇特[⑥]也当作是同一个神，认为神明只是名字不同，却有着某些相同之处的，那就未免太荒谬可笑了！

有人会问，为什么在异教时代每个国家都有自己的宗教崇拜和自己的神，却不曾有过宗教战争呢？我的回答是，每个拥有自己的宗教崇拜以及自己政府的国家根本就不区别它们的神与法律。政治战争也就是宗教战争。神的区域可以说都被民族的疆域固定

① 摩洛克（Moloch），古腓尼基人的火神。

② 柯罗诺斯（Chronos），古希腊神话中的超原始神，创造了混沌和秩序。

③ 腓尼基（Phoenicia），希腊人对迦南人的称谓，古腓尼基大约相当于今黎巴嫩地域。

④ 巴尔（Baal），古腓尼基人的主神。

⑤ 宙斯（Zeus），古希腊人的主神。

⑥ 朱庇特（Jupiter），古罗马人的主神。

下来。一个民族的神对别的民族没有丝毫权利。异教徒的神并不嫉妒，他们彼此间划分了整个世界，就连摩西[1]以及希伯来人在谈到以色列的神时，也是持这种观点的。的确，被流放的迦南人[2]注定了要毁灭，虽然那块土地还应该由他们占领，迦南人的神却被视同无物。看看他们是如何评说那些抵御他们进攻的邻近民族的神明的吧。耶弗他[3]向亚扪人[4]说:“所有属于你们的神基抹[5]的，难道不是合法地算作你们的吗？那么，我们的上帝赐给我们的领土也就应当属于我们的了[6]。”我想，这儿正好承认了基抹的权利和以色列的上帝的权利是等同的。

犹太人先臣服于巴比伦[7]的国王，随后又臣服于叙利亚的国王，但他们仍然坚持自己的神，绝不承认任何其他的神。所以，这种抗拒就被视为是对征服者的一种反叛，给他们自己招来种种迫害。我们在历史上读到过这些，在基督教之前我们还没见

---

① 摩西（Moses），公元前13世纪时犹太人的民族领袖，史学界认为他是犹太教的创始人。

② 迦南人（Canaanite），巴勒斯坦的早期居民。

③ 耶弗他（Jephthah），基列人的勇士，曾带领基列人进攻亚扪人。

④ 亚扪人（Ammonite），居住在约旦河以东的民族。

⑤ 基抹（Chamos或Chemosh），中东古老民族摩押人的主神，也受亚扪人拜奉。

⑥ “Nonne ea quae possidet Chamos dues tuus, tibi jure debentur？”这是拉丁文圣经原文。卡里尔（Carriere）神父将之译为:“难道您不认为有权利享有属于你们的基抹神的东西么？”我不知道希伯来原文语气如何，但我发现在拉丁文中，耶弗他是积极承认基抹神的权力的，但在法文译本中加了“据你们看”，弱化了承认的语气，而这几个字在原拉丁文本中是没有的。

⑦ 巴比伦（Babylon，约前30世纪～前729年），古巴比伦王国位于美索不达米亚平原，大致在当今的伊拉克共和国版图内。

过任何先例[①]。

每个宗教都是完全依附于规范这个宗教的国家法律，所以除了奴役的手段，就没有什么方法可以使一个民族改变崇拜了，除了征服者，也不会有别的传教士。而且改变宗教崇拜的这一义务既然是被征服者的法律，于是在谈到改变宗教崇拜以前就必须先从征服着手。绝不是人类在为神而战，正如荷马[②]的书中所说，是神在为人而战。每一方都向自己的神灵祈求胜利，并以修建新的祭坛作为报答。罗马人在攻取一座城池前，先告请该处的神灵退位。他们把塔兰托[③]人的恼怒的神明留给塔兰托人，那是因为他们认为这些神已经屈服于他们的神，并且不得不向他们的神行臣服礼。罗马人把自己的神留给被征服者，就像罗马人把自己的法律留给被征服者那样。罗马人索要的唯一贡品常常就是向罗马卡比托利欧[④]神殿的朱庇特敬献一顶花环。

最终，随着帝国的扩张，罗马人的宗教崇拜和他们的神也得到了扩张，而且罗马人还常常吸收被征服者的宗教崇拜和神，并对于两者都给予城邦的权利。所以这个大帝国的各民族慢慢地发现自己已经有了形形色色的神和宗教崇拜，而且几乎到处都是一

---

① 非常明显，那场称为“神圣战争”的佛西斯战争（the Phocian War），并不是一场宗教战争。它的目的是惩罚渎神者，而不是征服不信教者。

② 荷马（Homer，约前 873 年～前 8 世纪），古希腊诗人，有《荷马史诗》传世。

③ 塔兰托（Taranto），意大利东南部城市。公元前 8 世纪希腊人征服此地，公元前 4 世纪该城的经济和军事实力达到顶峰，后臣服于古罗马。

④ 卡比托利欧（Capitol），罗马一山名，其上建有著名的朱庇特神殿。

样的。这就是为何在当时的已知世界中，异教信仰最终成为了独一无二的宗教。

就是在这种形式下，耶稣来了，他要在人间建立一个精神王国。这个王国将神学体系和政治体系分离开来，国家就不再为一元形式了。这个王国同时造成了内部分裂，给基督教民族带来无休的麻烦。异教徒弄不透这来自于另一世界的王国的新观念，因此他们就总是把基督徒当做是真正的反叛者。他们认为这些反叛者假装臣服，只是在等待时机想要独立做主人，妄图狡猾地篡夺那种他们弱小时假装尊重的权威，这就是宗教迫害的原因。

异教徒所担心的事情终于发生了。从此一切都变了样：谦卑的基督徒改变了他们的语言；很快，这个所谓的另一个世界的王国，在一个有形的首领带领下，竟然变成了世界上最凶狠的专制主义。

然而，总是存在着君主与公民法律，这两种权力以及权限冲突使得基督教国家不可能有任何良好的政体，人们总也搞不懂在主人与神父之间到底应当服从哪一个。

然而，有些民族，甚至是在欧洲或周边的区域，曾试图保存或恢复旧有的体系，均没有成功，而基督教精神在各处都成为了主流。神圣的宗教崇拜始终保持或重新处于独立于主权者的状态，与国家共同体之间也没有必然的联系。穆罕默德[1]非常明智，他把

① 穆罕默德（Mohamet，约 570 年～632 年），伊斯兰教先知，他被认为是真主安拉派往人类的最后一位使者。

他的政治体系联系得非常好，只要他的政府形式在他的继承者哈里发[①]的统治下还仍然存在，这个政府就是一元的，并且非常好。然而，阿拉伯人后来繁荣起来，开化文明了，也就变得懈怠胆怯了，所以他们就被野蛮人征服。这时，两种权力之间的分裂便又开始了。这种分裂，虽然在穆斯林里没有在基督徒里那么明显，但它总是存在着，尤其是在阿里[②]教派里，并且在一些国家如波斯，这种分裂还可以不断地被人察觉到。

在我们当中，英国国王已经自封为教会的首领，俄国沙皇也是如此。可他们的这个头衔与其说是让自己成为教会的主人，不如说是成了教会的牧师。他们所获得的与其说是改变教会的权利，倒不如说是维护教会的权力。他们不是教会的立法者，只是君主而已。只要传教士能形成一个共同体[③]，那么他们在自己的国家里就是主人和立法者。所以，不论是在英国还是在俄国，或任何其他地方，都存在两个权力，两个主权者。

在所有信奉基督教的作家中，霍布斯是唯一一个能够清楚看到此种弊病并提出补救办法的哲学家，他大胆提议把鹰的两个头

---

① 哈里发(Caliph)，伊斯兰政治、宗教领袖的称谓。原意为“代理人”或“继承者”。

② 阿里（Ali)，穆罕默德女婿，第四代哈里发，656年～661年在位。

③ 应该指出的是，把传教士结合成一个共同体的，不是形式上的集会，而是教会的圣餐。圣餐和逐出教会就是教士社会公约。通过公约，他们就永远都是人民和国王的主人。所有共领圣餐的牧师，即使是来自地球的两极，也都是同胞公民。这一发明真是一项政治杰作。在异教祭司中从没有过类似的事儿，因此也就从未形成过教士共同体。

重新结合起来[①]，并完全重建政治的统一，否则，不管是国家还是政府就永远不能很好地组织起来。然而他也应该看到，基督教的统治精神与他的体系是不相容的，而且牧师利益永远强于国家利益。他的政治理论之所以为人痛恨，并不是因为其中错误的可怕的东西，而是因为其中公正的真实的东西[②]。

我相信，如果依据这一观点分析历史，就非常容易反驳贝尔[③]与华伯登两个人相对立的意见了。他们一个认为任何宗教对于政治体都毫无用处，而另一个则说基督教为政治体提供了最强大的支持。我们可以向前者证明，没有哪个国家的建立不是以宗教为基础；也可以向后者证明，基督教法律终归是对国家体制更有害而不是更有利，削弱了国家体制而不是加强了它。为了说清楚，我得对和这个主题有关的一些模糊的宗教观念稍作解释。

宗教，就其与社会的关系来说，无论是一般的关系还是特定的关系，都可以分为两种，即人类的宗教和公民的宗教。前一种宗教没有庙堂、没有祭坛、没有仪式，只有对至高无上的上帝纯粹的内心崇拜，以及对道德的永恒义务。它是纯粹朴素的福音书宗教，是真正的有神论，我们称它为自然的神圣权利。后一种宗

① 鹰为古罗马政权的徽号，“鹰的两个头”指政权与教权。

② 从格劳秀斯写给他兄弟的信（1643 年 4 月 11 日）就可看出，这位渊博之士对《公民论》(De Cive）中的内容，哪些是赞成的，哪些是谴责的。的确，可能是出自喜爱，他似乎因作者坏的一面而原谅了作者好的一面，但并非人人都这样宽宏大量。

③ 贝尔（Bayle，1647 年～1706 年），法国作家、哲学家。

教写在某个国家的法典内，它规定了这个国家的诸神和特有的守护者。它有自己的教义、教仪、法定的外在崇拜。只有这个国家尊奉这种宗教。在它看来，其余所有国家全都是异端，化外而野蛮。它把人类的权利和义务局限在其圣坛所及。原始民族的所有宗教都是如此，我们称之为公民的或积极的神圣权利。

还有更为奇怪的第三种宗教，这种宗教制造出两套法典、两个首领、两个国家，让人屈从于两种矛盾的义务，人们无法既当公民又当信徒。喇嘛教和日本的宗教便是如此，罗马基督教也是如此，我们称它为牧师的宗教。这种宗教就会产生某种混合的反社会的权利。

从政治角度考察，这三种宗教都各有缺点。第三种宗教的坏处很明显，就不再浪费时间去证明了。一切破坏社会统一的东西都是毫无价值的，一切使人们陷于矛盾的制度也都是毫无价值的。

第二种宗教好就好在它能把对神的崇拜与对法律的热爱结合起来，而且能让祖国成为公民崇拜的对象。它还教导公民，效忠国家也就是效忠国家的守护神。这是一种神权政体，在这种政体下，除了君主外，决不能有任何其他教主；除了行政官外，也决不能有其他牧师。于是，为国赴死就是殉道，触犯法律就是亵渎，犯罪之人承受公众的诅咒就是让他接受神谴。让他去受诅咒吧。

但是，这种宗教的坏处就在于它是建立在谎言与错误的基础上，它欺骗民众，让人盲从迷信，并且使人们对神的崇拜流于一种空洞的仪式。更坏的是，当它具备排他性和残暴性后，它会让一个民族变得嗜血而绝不容忍，从此这个民族就靠杀人放火生存，而且还认为杀死一个不信奉它那种神的人，也是一种神圣的行为。这样一来，这个民族就与其他民族处于一种天然的战争状态，它自身的安全也就危机四伏了。

因此，剩下的就只有人类的宗教，也就是基督教了，但并非今天的基督教，而是福音书的基督教，它完全是另外一个样子。有了这种神圣的、崇高的、真正的宗教，人类，作为同一个上帝的孩子，彼此就成为了兄弟，就算到死，那个把他们结合在一起的社会也不会解体。

但这种宗教与政治体之间没有任何特定的关系，这样一来，法律就只能依靠自身的力量，而不会有新的外在力量。因此，特定社会的最伟大的纽带之一[①]也就不起什么作用了。更糟糕的是，它远远不是把公民的人心朝国家凝聚，而是让他们超脱尘世，没有什么比这更违反社会精神了。

有人说，一个真正信奉基督教的民族将会形成一个想象得到的完美社会。在这种观点中，我只看到一个巨大的困难，那就是：真正的基督徒社会不会是人的社会。

我还要说，这种完美无缺的社会不会是最强大的，也不会最长久的。它的完美让社会失去凝聚力，完美之中也存在缺陷，而这会毁掉这个社会。

---

① 指代宗教。

人人尽责守法，首领公正节制，行政官正直廉洁，兵士不畏生死，这里也没有虚荣奢华。至此为止，一切皆好。但让我们再深看一层。

基督教是一种纯精神的宗教，关心的只是天上的事情，基督徒的国家不在人间。基督徒的确在尽自己的责任，然而，尽责的时候他根本不关心自己的努力的成败。只要自己问心无愧，世上的一切好坏对他来说都不重要。如果国家兴旺，他也几乎不敢分享公共幸福，怕自己会因国家的光荣而骄傲；如果国家衰落，他也会祝福那惩罚他国家的上帝之手。

为了维持国家太平与和谐，所有公民都必须无一例外地成为同样善良的基督徒。可是，如果不幸出现了野心家或伪善者，例如，出现了一个卡提里那或是一个克伦威尔，那么这个野心家或伪善者定会利用那些虔诚的同胞。基督教的仁爱不准人把自己的邻人想得很坏，只要这个野心家或伪善者通过某种手段，发现欺骗世人并取得部分公共权威的艺术后，他就能成为一个体面人物，必须得到尊敬，这可是上帝的意志。很快他就有了权力，必须得到服从，这也是上帝的意志。如果他滥用手中的权力，那就是上帝通过这种灾祸来惩罚自己的儿女。驱逐篡夺者的做法又会引发忧虑：那会扰乱公共安宁，就会有暴力，就会流血，这些与基督徒的温良品性严重不符。毕竟我们在这种痛苦的深谷中，存自由还是被奴役又有什么紧要呢？最重要的事情是要上天堂，听天由命仅是上天堂的另一种方式。

如果爆发了对外战争，公民就会毅然走上战场，没人想着脱逃。他们在尽自己的责任，可是对于胜利却没有热情。他们更知道如何赴死，而不是如何战胜敌人。胜败对他们还有什么紧要呢？上帝难道不比他们更明白他们应该是怎样的吗？想象一下，一个骄傲剽悍、斗志昂扬的敌人能从他们的斯多葛主义[①]里获得多大优势吧！把一个极为热爱荣耀与祖国的慷慨民族放在他们面前，试想与你那基督教共和国面对面的是斯巴达或罗马。这些虔诚的基督徒还没弄清是怎么回事，就可能已经被打败，被击垮，被消灭。或许他们会幸存下来，但那仅是由于他们的敌人对他们不屑。在我看来，费边[②]的兵士的誓言就很好，他们没有誓言赴死或胜利，他们誓言要凯旋，而且他们守住了自己的誓言。基督徒永远也不敢发这样的誓，因为他们觉得这是在试探上帝。

然而，说到基督教共和国，我就犯错了，因为这两个名词是互相排斥的。基督教宣扬的是奴役与依靠，它的精神有利于暴君制，暴君政权从中得到了很多好处。真正的基督徒就是当奴隶的材料。他们自己虽然清楚这一点，却也不在意，这短暂的一生在他们眼中没有多少价值。

有人对我说，基督徒军队是非常优秀的，我否认这一点。给我找个例子看看。根本就没听说过基督徒军队。有人会说到十字

① 斯多葛主义，古希腊末期的哲学流派，主张克制感情，服从命运。

② 费边（Fabius，约前 280 年～前 203 年），古罗马政治家、军事家。曾五次当选执政官，两次出任独裁官，并担任过监察官。他在第二次布匿战争中采用拖延战术，挽救罗马于危难之中。

军，十字军的勇敢是没有异议的，但我要指出十字军绝不是基督徒，他们是牧师的兵士，他们是教会的公民。他们是在为他们的精神国度而战，但这个精神国度却不知为何竟被教会弄成为尘世的了。明白了这一点，就又回到异教主义里去了。福音书从来不曾建立过什么国家宗教，因此在基督徒之间，任何神圣的战争都是不可能的。

在异教皇帝[①]的统领下，基督徒兵士很勇敢。所有基督徒的作家都这么认为，而且我也这么认为。这只是在异教徒军队中的荣誉之争，自从皇帝成为基督徒后，这种竞争就不复存在了。并且当十字架驱逐了鹰旗[②]之后，罗马的勇武也就全部消失了。

现在，暂不谈政治上的考虑，让我们回到什么是权利的问题上来，并在这一重点上确定我们的原则。正如我已经说过的，社会公约赋予主权者统治臣民的权利决不能超出公共利益的界限[③]。因此，臣民所应遵从主权者的意见，也只以那些与集体有重要关系的意见为度。但是，每个公民都应该有一个宗教，这于集体关系重大，宗教可以让

---

① 异教皇帝指罗马皇帝，第一个接受基督教的罗马皇帝为君士坦丁大帝，以前的罗马皇帝都是异教徒。

② 十字架为基督教的标志，鹰旗为罗马的军旗。“十字架驱逐了鹰旗”指基督教取代异教成为罗马国教。

③ 阿冉松侯爵说：“在共和国里，每个人在不伤害别人的范围内都是完全自由的。”这是一条不变的界限，没人能下个比这更确切的定义了。我总是禁不住要援引他这份尚不为世人熟知的手稿，以资对这位卓越光辉人物的怀念。在担任大臣时，他还始终保持着一颗真正的公民心，并对自己国家的政府保持着一种理智正确的观点。

他们热爱自己的责任。可这种宗教的教义，只有当它们涉及道德与责任时，才会与国家及其成员有关，公开宣扬这种道德与责任的人也须对别人负责。此外，每个人都可以有自己喜欢的观点，而主权者对这些也不干涉。因为，既然主权者对另一个世界无权掌控，那么臣民来世的命运如何，那都不是主权者的事情，只要臣民今生是好公民就行。

因此就有一份纯粹的公民信仰宣言，这份宣言的条款应该由主权者规定。严格地说，这些条款并不作为宗教教义，而只是作为社会性的感情。一个没有这种感情的人既不可能是好公民，也不可能是忠实的臣民[①]。尽管不能强迫任何人信仰它们，但它可以把不信仰它们的人从国家中驱逐出去。驱逐这种人并非因为他们不敬神，而是因为他们是反社会的物种，因为他们不会真诚地热爱法律与正义，也不可能在需要时为义务而奉献生命。但如果有人在公开承认这些教义后，他的行为却和自己不信仰这些教义时的一样，那就应该把他处死。因为他犯了最大的罪行，那就是在法律面前说谎。

公民宗教的教义应当简单，条款很少，措辞准确而无需解说或注释。万能的、智慧的、仁慈的、先知而又圣明的神明的存在，未来的生命，正直者的幸福，对坏人的惩罚，社会契约与法律的

① 在为卡提里那辩护时，恺撒曾试图建立一种灵魂有朽的教义。卡图和西塞罗在驳斥他时，根本就不做哲学纠缠。他们要的就是指出恺撒是以坏公民的身份在发言，他所提出的主义是有害于国家的。事实上，罗马元老院所要判决的正是这个，而不是什么神学问题。

神圣，这些都是正面的教义。至于负面的教义，我只给出一条，即不宽容，它是我们所排斥的宗教崇拜的一部分。

依我的理念，那些区分公民的不宽容和神学的不宽容的人是错误的。这两种不宽容是不可分的。我们不可能与我们认为该受诅咒的人和平相处，爱他们就是仇视那个惩罚他们的上帝。我们必须绝对地要么挽救他们，要么折磨他们。凡是承认神学的不宽容的地方，都必定会产生某种社会效果[①]。这种效果一旦产生，主权者也就不再是主权者了，即使是在世俗领域。从此牧师就成了真正的主人，则国王只不过是牧师的仆役而已。

既然现在没有，也不可能再有排他性的国家宗教，那么所有能够宽容其他宗教的宗教都应该得到宽容，只要他们的教义完全不违反公民义务。但如果有人敢说“教会之外，别无救赎”，那就应该把他驱逐出这个国家，除非国家就是教会，君主就是教主。这种教义只在神权政府中才是好的，而在其他任何政府中都是致

---

① 比如，婚姻就是一项公民契约，而且具有社会效果。没有这些效果，社会甚至就不可能存在。设想一下，牧师把婚姻许可权捏在手里，而这一权利正是那些不宽容的宗教所必须要夺取的。他们在建立教会权威时，破坏君主权威，君主所剩的便只有牧师留下来给他的臣民了，这难道不明显吗？根据人民是否接受这种或那种教义，承认或拒绝这种或那种仪式，以及虔诚程度，教会就可以决定人们能否结婚。难道只有教会才能谨慎坚决地处理继承、职位、公民甚至是国家等事务吗？一个国家全是私生子，这个国家肯定不会长久。也许会有人说，对这种滥权我们可以申诉，可以传唤，可以布法，甚至剥夺教会的世俗权力。多可怜啊！牧师只要有一点理智，不管多小的理智——我说的不是勇气——就总会不管不顾自行其是，安然地接受别人的申诉、传唤、布法以及剥夺，而最终还是他们自己作了主人。我想，当他们有把握可以得到全部的时候，先放弃一小部分并不算是一种很大的牺牲。

命的。据传，亨利四世接受罗马教的理由是应该使所有正直的人都脱离罗马教，尤其是那些善于思考的君主。

第九章　结语

既然我已经确立了政治权利的真正原则，并且尝试着为国家奠定一个可以依靠的基础，那么接下来我就应该通过它的外部关系来加强它。这就包括国际法、通商、战争的权利与征服、公法、同盟、谈判、条约等。但所有这些形成了一个新课题，这对我狭小的视野来说未免也太大了，我还是始终把它放在一个更有限的范围内吧。

卢梭生平大事年表

1712 年出生

6 月 28 日：让－雅克·卢梭诞生于**日内瓦共和国一个法裔新教家庭**。父亲是新教教徒、钟表匠，母亲出生于牧师家庭。卢梭是他们的第二个儿子。出生后不久，母亲即死于产后失调，由姑母抚育。

这一年，普鲁士腓特烈大帝弗里德里希二世出生，孟德斯鸠 23 岁，伏尔泰和魁奈 18 岁，布冯 5 岁，马布里 3 岁。之后 1 年，狄德罗出生，之后 5 年，达朗贝出生，之后 3 年孔狄亚克出生，之后 11 年，霍尔巴赫出生。8 年前，洛克去世。法国路易十四在位，3 年后，5 岁的路易十五即位。

1719 年 7 岁

遍览家中的藏书。

1722 年 10 岁

10 月：有一次，父亲和他人发生纠纷，诉讼失败后逃往里昂避难。卢梭**寄宿舅舅贝尔纳家**，不久后被舅父送至日内瓦附近布瓦锡，与表兄寄宿在郎拜尔西埃牧师家，学习古典语文、绘图、数学。

1725 年 13 岁

被舅舅送到公证人马斯隆先生处打杂。

在雕刻匠杜康曼处当学徒，养成**偷窃的恶习，阅读了大量杂乱的书籍**。

1728 年 16 岁

春季：不堪师傅虐待而从雕刻匠家逃跑，经神父介绍，在安纳西结识华伦夫人。由华伦夫人资助，经历七八天的旅行到达意大利都灵，进“自愿领洗者教养院”，改奉天主教。

秋季：离开教养院，到巴西勒太太家当仆役。

在维尔塞里斯伯爵夫人家当仆役，偷一条丝带，并诬陷一个女仆。

在德·古丰伯爵家当仆役，小露才华。**拒绝伯爵为他提供的人生安排**，离开伯爵家。

1729 年 17 岁

回到安纳西，**寄居华伦夫人家**，享受母爱、读书，接触音乐。

1730 年 18 岁

护送麦特尔逃难到里昂，**在麦特尔犯病的时候离开他**。

送麦尔塞莱小姐去弗莱堡。

与麦特尔先生前往里昂，在洛桑当音乐教师。卢梭不懂乐谱却教人音乐，自称是巴黎人。期间有短暂旅行，常到树林散步。

给一位希腊主教当随从，从弗莱堡经伯尔尼到索勒尔，得到资助去巴黎。

在巴黎做军官的随从。

1732 年 20 岁

辗转回到尚贝里找到了华伦夫人，在尚贝里做土地测量工作，期间**自学数学；与乐师、音乐爱好者交往，研讨音乐，大量阅读学术著作**。

和管家克洛德阿奈一起成为华伦夫人的情人。

1733 年，波兰王位继承战争，法国、西班牙和撒丁王国与俄国、奥地利为争夺波兰王位而发生战争。战争持续到 1735 年。1735 年 10 月，双方在维也纳签订合约，承认奥古斯都三世为波兰国王。

1734 年 22 岁

做华伦夫人的管家，协助其家庭制药，开始接触植物学。

1736 年 24 岁

尔麦特养病，研究了洛克、莱布尼兹、笛卡尔等的著作。同时，钻研音乐理论，作曲，并学习解剖学等。

1737 年 25 岁

因化学实验双眼受伤，与华伦夫人一道，前往到沙尔麦特村养病。虽然疾病缠身，但这一段时间是卢梭一生中难得的幸福时光，他享受乡村生活，享受爱情，并专心研究学问。**阅读了洛克、莱布尼兹、笛卡尔等人的哲学著作**。同时，钻研音乐理论，作曲，并学习解剖学等。

到蒙彼利埃就医，途中与拉尔纳热夫人短暂热恋。

回到尚贝里，发现温赞里德已经取代了他在华伦夫人家的管家兼情人的位置。

1740 年 28 岁

4 月：到里昂马布利神父家当家庭教师，**结识哲学家孔狄亚克**。

1740 年发生西里西亚战争，以法国和普鲁士为一方，奥地利和英国为一方，争夺奥地利王位继承权，战争持续到 1748 年。

1742 年 30 岁

8 月：在巴黎科学院提出《新乐谱记谱法》。被推荐到法兰西学院宣读，但没有得到广泛接受。将《新乐谱记谱法》改写成为《现代音乐论》并出版。

结识狄德罗，成为密友，并通过狄德罗认识了其他一些启蒙运动思想家。

在卢森堡公园背让－巴蒂斯特·卢梭的诗，往返于剧院和咖啡馆之间。

进入杜宾夫人的沙龙。向杜宾夫人求爱被拒。学习化学。

1743 年 31 岁

写成歌剧《风雅的缪斯》，靠教音乐、抄乐谱为生。

6 月：随法国驻威尼斯大使赴意大利，给蒙太居伯爵当秘书。

接触意大利音乐。和妓女有两段艳遇。

1744 年 32 岁

8 月：与蒙太居夫人吵翻，离开大使馆。回到巴黎，仍旧以抄乐谱为生。

结识戴莱丝瓦瑟，并与之同居。

1745 年 33 岁

结识老一辈启蒙思想家伏尔泰。

1746 年 34 岁

第一个孩子出生，送往育婴堂。

1747 年 35 岁

到都灵写成喜剧《冒失的婚约》、诗剧《西尔维的幽径》等。

卢梭父亲去世。

1748 年 36 岁

通过狄德罗结识启蒙思想家霍尔巴赫（1723—1789）、杜克洛（1704—1772）、埃皮奈夫人和伍德托夫人（1730—1813）。并经常参加其沙龙的定期聚会。

第二个孩子出生，送往育婴堂。

1749 年 37 岁

为狄德罗、达朗贝尔撰写《百科全书》的音乐部分。

10 月：狄德罗因为发表《论盲人书简》被捕入狱。卢梭去巴黎郊外万森堡监狱探望狄德罗，偶见第戎学院征文公告，决定撰文应征。

结识德国文学评论家格里姆（1723—1807）。

1750 年 38 岁

应征论文《论科学与艺术》获得第戎学院奖金，卢梭名声鹊起，却因《论科学与艺术》一文和众多文人笔战。

卢梭在这篇文章中指出科学和艺术是和财富与奢侈相并生的，这两者只会使人产生不必要的欲望，带来奢侈和虚荣，是上层社会堕落腐朽的生活方式。这种生活方式建立在对普通劳动者的剥削和压迫之上，因而科学和艺术只能带来社会风气的堕落。

疾病缠身，改变奢侈生活，打算以抄乐谱谋生，过独立而清贫的生活。

1751 年 39 岁

第三个孩子出生，同样送往育婴堂。

1752 年 40 岁

10 月：歌剧《乡村卜师》在丹枫白露上演成功，受到国王和王后的青睐，路易十五打算接见他，并赐给他一项年金，然而卢梭**顾虑会因接受年金失去自由，回避了召见，**并拒绝接受其赏赐的年金。参加音乐界的论战，写成《论法国音乐的信》。

1753 年 41 岁

《论语言的起源》完成。受到音乐界保守派的攻击，写成《皇家音乐学院一位乐队队员给乐队同事的信》。

冬季：到圣日耳曼短期旅行，再次应征第戎学院征文而写《论人类不平等的起源》。在该文中，卢梭认为，人类不平等起源于私有制的建立和社会的形成。他设想一个自然状态，人与人之间没有任何联系，但是每个人都是自由而平等的。但是社会建立之后，人们有了私有财产之后，就产生了欲望、斗争、虚荣，继而一部分人沦为奴隶，另一部分人则成为统治者。为维持少数人的奢侈生活就奴役人类的大部分，这种制度是不合理的，也是违反自然法则的。卢梭的观点对当时贵族的奢靡风气是一种无情的批判，也不符合当时第戎学院的征文意图，因而未能获奖。

因《关于法国音乐的信》被取消歌剧院免费入场权。

1754 年 42 岁

8 月：与果弗古尔、瓦瑟回日内瓦，发现果弗古尔的恶行。受到日内瓦各界人士的热烈欢迎。将《论人类不平等的起源和基础》献给日内瓦共和国，恢复新教信仰和日内瓦公民权。

起草《政治制度论》。

1755 年 43 岁

4 月 :《论人类不平等的起源和基础》在阿姆斯特丹出版。

11 月:《论政治经济学》发表于《百科全书》第五卷。

因厌恶频繁的社交生活，经常到树林里散步。

1755 年葡萄牙里斯本大地震，三万人死亡。孟德斯鸠去世。

1756 年 44 岁

把《论人类不平等的起源和基础》奉赠伏尔泰，伏尔泰称之为“反人类的新书”。

4 月：与瓦瑟迁往退隐庐，退隐庐是艾皮奈夫人的产房，卢梭在退隐庐期间受到艾皮奈夫人的资助。卢梭在退隐庐生活将近两年，尽管无法完全避免交际，他还是很享受这种孤独宁静的乡村生活。开始写《新爱洛伊丝》。

1756 年至 1763 年发生“七年战争”，一方为普鲁士、英国，另一方为法国、奥地利、萨克森、瑞典、俄国等国，为争夺殖民地和海域在欧洲、非洲和印度等地发生大规模战争，以英国和普鲁士的胜利而告终。

1757 年 45 岁

因与伍德托夫人恋爱一事，和狄德罗、克里姆、艾皮奈夫人闹翻。与其他“百科全书派 ”成员的分歧也开始加深。

写《新爱洛伊丝》期间，常常沉浸在对故事情节的幻想之中。这部书信体小说表达了卢梭对爱情的理想。

准备写《爱弥儿》。

1758 年 46 岁

迁居到蒙莫朗西边的蒙特路易。在蒙莫朗西一直受到卢森堡夫人的资助和庇护，直到《爱弥儿》一书出版为止。

3 月：发表《论戏剧：致达朗贝尔信》，批判其对于日内瓦戏剧文化生活的意见，提出自己关于公民娱乐的设想。与伏尔泰、狄德罗等启蒙思想家最后决裂。

1759 年 47 岁

开始写《社会契约论》。选取其《政治制度论》中的一部分为《社会契约论》。

1761 年 49 岁

《新爱洛伊丝》出版，受到热烈欢迎。

1762 年 50 岁

4 月:**《社会契约论》在阿姆斯特丹出版**。这是卢梭阐发政治思想的经典之作，论述的是他自己的政治理想，他认为一个合理的政治状态就是人与人之间结成社会契约，在这个契约中，每个人都放弃自己的天然自由来实现契约的自由；全体人民的意志集合成一个公意，主权者就代表这个公意进行立法，然后人们选出执政官来按照法律管理社会。他认为一切权利属于人民，人民有权利选举执政官，参与一切公共事务，一切政府的行为都要为了人民的利益而进行。

6 月:**《爱弥儿》在阿姆斯特丹和巴黎出版。**

《爱弥儿》是一部经典教育著作，也是给卢梭带来灾难的一部作品。卢梭自己没教育过自己的任何一个子女，却想通过想象写出一部教育名著，以极大的热情来培养爱弥儿。为改变人与人之间的奴役和不平等现象，他主张教育从儿童开始，培养自然发展的健康的下一代。他提出自然教育，让人服从自然法则，使人身心自由发展，通过生活实践，让儿童获得必要的知识。目的就是培养儿童的劳动技能，使儿童获得自由、平等、博爱的思想。

之后，巴黎大主教博蒙出面干涉《爱弥儿》的发行，禁止阅读此书。

11 月：巴黎高等法院也发出有关《爱弥儿》的禁令，并传出消息说要逮捕作者。仓皇逃出巴黎。准备前往日内瓦，但日内瓦已在焚烧《爱弥儿》和《社会契约论》。在伯尔尼被逐，流亡至普鲁士。

1763 年 51 岁

3 月：发表上年 11 月写成的《日内瓦公民卢梭致巴黎大主教博蒙书》。

4 月：取得讷沙泰尔邦公民权，放弃日内瓦公民权。

1764 年 52 岁

发表《山中书简》。应科西嘉解放运动领袖邀请撰写《科西嘉宪法草案》。完成《音乐辞典》。

1765 年 53 岁

9 月：拒绝普鲁士国王腓德烈二世赠送的年金。此时，讷沙泰尔掀起迫害风暴，逃往圣皮埃尔岛。不久被该岛驱逐。

1766 年 54 岁

1 月：随英国哲学家休谟到英国避难。开始编撰《植物学术语辞典》。不久，与休漠发生冲突。

3 月：迁往英国的乌顿，写作《忏悔录》，并于年底完成前六章。

1767 年 55 岁

5 月：潜回法国，匿名隐居于特利等地。继续写作《忏海录》。

1768 年 56 岁

避居各地，抄写乐谱为生。

8 月：在里昂附近的布古安与戴莱丝瓦瑟正式结婚。

1769 年 57 岁

完成《英雄所需要的道德》。

11 月：完成《忏悔录》第二卷。

1770 年 58 岁

6 月：获赦回到巴黎，居住在普拉特里埃街，靠抄写乐谱维持生活。年底，《忏悔录》后六章完成，手抄本开始流传。

在《忏悔录》一书中，卢梭叙述了自己从出生到 1766 年离开圣皮埃尔岛之间五十多年的生活经历。他把自己生活中违背道德良心的事都披露在整个作品中，大胆地把一些个人隐秘经历公诸于世，以此反思了自己的灵魂，同时，也借此书描写了他进入社会后所受到的虐待以及他耳闻目睹的种种黑暗和不平，揭露了社会的“弱肉强食”“强权即公理”以及统治阶级的丑恶腐朽。正是如此，使得他的《忏悔录》与圣·奥古斯丁《忏悔录》一样，成为人们心中的经典。

1771 年 59 岁

4 月：应波兰威尔豪斯基伯爵邀请，撰写《对波兰政府及其1772 年四月改革计划的考察》。

1774 年 62 岁

会见青年生物学家拉马克，相互开始交往。

1775 年 63 岁

写成《对话录 : 卢梭评判让 – 雅克》。

10 月：歌剧《皮格马里昂》在法兰西歌剧院上演成功。

1776 年 64 岁

开始写《一个孤独的散步者的遐想》。

1777 年 65 岁

健康恶化，停止抄写乐谱，生计艰难。

1778 年 66 岁

5 月：移居埃美农维尔庄园。不久，罗伯斯庇尔慕名来访。

7 月 2 日：病逝，享年 66 岁。葬于埃美农维尔附近的杨树岛。墓地正面对着一座城堡，墓志铭为："这里安息着一个自然和真理之人"。